我的青春我的梦

全国中学生校园美文精品集萃丛书

东风暗换，小园又对梨涡浅

牙套姑娘的微笑会发光

《中学生博览》杂志社 选编

时代文艺出版社

图书在版编目（CIP）数据

牙套姑娘的微笑会发光/《中学生博览》杂志社选编. —长春：时代文艺出版社，
2018.8（2023.6重印）
（"我的青春我的梦"全国中学生校园美文精品集萃丛书）

ISBN 978-7-5387-5756-9

Ⅰ.①牙… Ⅱ.①中… Ⅲ.①作文－中学－选集 Ⅳ.①H194.5

中国版本图书馆CIP数据核字（2018）第005521号

出 品 人　陈　琛
产品总监　郭力家
责任编辑　徐　薇
装帧设计　李　斌
排版制作　隋淑凤

牙套姑娘的微笑会发光

《中学生博览》杂志社　选编

出版发行/时代文艺出版社
地址/长春市福祉大路5788号　龙腾国际大厦A座15层　邮编/130118
总编办/0431-81629751　发行部/0431-81629758
官方微博/weibo.com/tlapress
印刷/北京一鑫印务有限责任公司
开本/700mm×980mm　1/16　字数/153千字　印张/11
版次/2018年8月第1版　印次/2023年6月第5次印刷　定价/34.80元

编 委 会

目录

001

两个世界的对望

　　可是宫晓来，我还是很感激遇到了你。你让我懂得了身为女孩儿的美好，喜欢着一个人的快乐。我像一个什么都不懂的小孩子，是你教会了我一步步地看清情感。你的陪伴终于让五色的光照亮了我的世界，所以我学会了喜欢别人，学会了与人交往，学会了微笑，学会了悲伤。

当你在深井遇见星光

蒹葭苍苍

1

五月的第一个周末，上午，沈小樱走在滨江公园的红枫树下。

附近有很多人捧着一块印着"家教"二字的纸牌，等待顾客光临。沈小樱来找贾良辰。贾良辰周末会到这儿来和公园里的老头儿下棋。

一个阿姨叫住了沈小樱："同学，你能辅导初中的语数外吗？"

沈小樱正想说我不做家教，阿姨却说："我看着你就觉得亲切，我女儿一定会喜欢你。"

这下，沈小樱不好意思了，她点点头。

阿姨笑起来，"太好了，就从今天开始吧，我家就在前面。"

沈小樱跟着阿姨走，阿姨介绍她家女儿，女孩儿小名叫蔻蔻，十五岁，马上要升初三了。沈小樱想象蔻蔻的模样，普通的十五岁女生：纯真，青涩，高高瘦瘦像花骨朵。

沈小樱很快见到了蔻蔻：她微胖，眼睛里闪耀着倔强又警惕的光，她握着一个洒水壶站在草地上，身后几株向日葵刚被浇过水。

蔻蔻瞄了一眼沈小樱，张牙舞爪地说："我讨厌读书，讨厌学校，讨厌考高中，也讨厌家教！"

沈小樱想起自己的十五岁，她唯一的念头是，考上重点高中，离开灰蒙蒙的小镇。对她来说，考试是改变命运的唯一机会。她不由得笑了："是呀，你不需要通过考试改变命运，父母早已为你铺好了道路。"

"才不是！"蔻蔻抗议，"你什么都不了解！"

"那我很愿意了解。"沈小樱循循善诱地笑，心里却鄙夷，真是娇宠叛逆，自以为是。

蔻蔻扭头跑进屋里。

蔻蔻妈只得说："沈老师，要不你先回去，回头我再给你打电话。"

沈小樱求之不得，她赶紧跑进公园，可贾良辰不在那里，时间有些晚了，他大概下完棋回学校了。

2

沈小樱赶回学校，她在电影社活动室找到了贾良辰。

贾良辰是电影迷，但他还喜欢摇滚、足球、象棋、读书、打工……据说他在中学时，也是潇洒倜傥的一名热血少年。

而沈小樱恰恰相反，上大学之前，她唯一的人生乐趣就是考试。上了大学，她看到新生指南上建议：在大学期间，至少恋爱一次，无论成败。于是沈小樱加入了舞蹈社、英语社和电影社，她决心扩大交际圈，为恋爱创造更多机会。贾良辰是电影社老大，他写的影评精彩深刻；他踢球的样子活力四射；他唱歌的声音充满魅力；他像一束温暖灿烂的光芒，令沈小樱情不自禁地追随。

她下定决心，在大学期间，她只恋爱一次，对象非贾良辰不可。她努力让贾良辰喜欢自己，社团活动她从不错过，交流时她积极发言，还写影评发表在校刊上；他踢球时她就在球场外欢呼；她到图书馆查他的借阅记录，他看过的书她都想看一遍；她一直在找机会表白，他还有一年就要毕业，错过就是一生啊。

电影是《碧海蓝天》。当男主潜入深海，追随海豚远去时，贾良辰忽然说："刚上大学时，我就想，我这四年不能白过，我要看满一千部电影，这部正好达一千，我提前圆满了。"

沈小樱回头看他，"我真高兴，陪你一起圆满的人是我。"

贾良辰敷衍一笑。

沈小樱脱口说出，"我喜欢你。"

贾良辰愣了，沈小樱起身逃跑，跑到门口她又想，我凭什么跑？我喜欢他又没有错。她又折回来，走到他面前，"我是认真的。"她这才觉得真的圆满了，不紧不慢款款离去。

3

沈小樱想，接下来，她要做的就是等贾良辰回应。可一周过去，贾良辰没有任何回应。

星期五下午，天下着雨，心情低落的沈小樱到处乱晃，她走到学校后街，在附中门口，她看到了蔻蔻。蔻蔻站在离公交亭几米远的地方，孤零零地一个人站着。亭子里，几个女生说说笑笑。

亭子里明明还有空间，蔻蔻为什么不站过去和她们一起？她走过去，将伞遮在蔻蔻头上。蔻蔻侧头看她，一双眼睛清澈得像五月的晴空。没有敌意，没有叛逆，只有纯真笑意。

沈小樱也抿嘴微笑。

"你这样笑自然多了，"蔻蔻说，"你知不知道，你那天笑得好假。"

沈小樱反击道："你呢，你那天可是连一个假笑也没给我呢。"

"哈哈哈。"蔻蔻笑出了声，"那天你是老师呀，我早忘了该怎么对老师笑！"

公交车来了，蔻蔻朝沈小樱挥手，快步跳上去。

亭子里的女生们，音量像开了扬声器一样变大。"她也挺可怜的。""邱老师说，她肯定是这儿出了问题！"一个女生说着，戳着自己的脑门儿。女生肆无忌惮地嬉笑。搭载着蔻蔻的公交车消失在细雨里。

沈小樱晃荡到广场，贾良辰正抱了吉他，站在雨里自弹自唱：也许随手画的涂鸦，是最完美表达；也许随口唱的旋律，才当真啊；我们如此漫不经意，轻轻地落下，也哭，也笑，也挣扎……

他的声音微微沙哑，表情沉醉，细雨润湿了他的头发和脸庞，看起来帅酷极了。他面前没有放一个装钱的铁盒子，他只是来秀摇滚，而不是来卖艺。

因为下雨，周围只稀稀疏疏围了几个观众。沈小樱将伞顺手给了一个用塑料袋顶在头上匆匆赶路的老婆婆，自己站在雨里听他唱歌。

贾良辰用摩托车载沈小樱回去，冷风吹起，沈小樱在后座不停地打冷战，她不顾一切环住他的腰。微微的热气从他湿透的衬衣里散发出来，心酸的幸福啊。他忽然说："谢谢你喜欢我，但是，对不起……"

沈小樱的心瞬间崩塌，原来无论她喜欢也好，为他淋雨受冻也好，都不是换取他喜欢她的筹码。

贾良辰毕业离校时，沈小樱收到他的信息："谢谢你的陪伴，祝你平安喜乐。"

她很悲伤，她永远不可能在大学和他恋爱了。但比悲伤更强烈的自我否定像藤蔓一样，在她心里长出了茂盛的一片——她不美，不可爱，没有魅力，她不会被爱情光临。

005

4

灰姑娘只能回家找妈求安慰。她家在长江下游的古镇。她到了码头，看见有个穿着白裙的女孩儿坐在江水里一块岩石上。她肩膀微微抽动，似乎在哭。

她走近，轻轻喊她："蔻蔻？"

女孩儿回过头，泪水在苍白的脸上肆意蔓延，果然是蔻蔻。

两个世界的对望

她小心问："你怎么在这儿哭？"

蔻蔻竟然问："你知道读写障碍吗？"

"读写障碍？"沈小樱一惊，"我在电影里看到过。"

"电影里的孩子多幸运啊，他们有天赋，还能遇到好老师，而我什么都没有。小时候，我分不清13和31，背不下九九乘法表，怎么努力都是最后一名。妈妈带我去看医生，医生说我的神经生了病，也没有特效药。我害怕别人喊我傻子，我表现出厌恶学习的样子，可老师更讨厌我，同学也更瞧不起我了……"

电影里说，有障碍的孩子，都是落入凡尘的星星，它们注定不被理解，承受孤独。

"妈妈要我拼了命也要考上高中，要我去老师家补习，我很怕，我真的非考高中不可吗？"蔻蔻又问。

沈小樱想起贾良辰，蔻蔻面对阅读和书写，是不是像自己面对贾良辰，无论如何努力，结果都无能为力。她说："走吧，我送你回去，这么晚了，你妈妈一定很担心。"

蔻蔻摇头说："我不回去！我害怕去补习！"

"那，我来当你的补习老师，你愿意吗？"沈小樱问。

"那你不能骂我笨。"蔻蔻说。

"你本来就不笨嘛。你看，讨价还价蛮厉害的呢。"

蔻蔻站起来，拉着沈小樱的手，不好意思地笑了。

5

沈小樱再次出现，蔻蔻妈喜出望外，她要出差一个月，正打算把蔻蔻送到补习老师家寄住呢。她主动和沈小樱说起蔻蔻，她说："我不敢让人知道蔻蔻的病，社会太现实，人们只会赞美强者，嘲笑弱者。蔻蔻压力大，我也不忍心逼她考高中考大学，我这次去出差，都会去拜访这方面的专家。"

沈小樱不是专家，她只想陪陪蔻蔻，陪她度过一段艰难时期。她发现，蔻蔻很喜欢做手工，她缝了好几个布头书签，每一个书签都是一朵五瓣花。

这天午后，做完练习，蔻蔻要沈小樱陪她去社区文化站图书室。

沈小樱看到，图书室角落里有一个男孩儿，他靠坐在地上，捧着一本《牧羊少年奇幻之旅》。他皮肤微黑，身上的T恤褪了色，脚上的凉鞋也很旧。当她看书时，蔻蔻却躲在书后面看男孩儿。

墙上的挂钟指向五点，男孩儿将正在看的书页折起来，合上书放回书架。

男孩儿走出去之后，蔻蔻找到那本书，她将折起的一角抚平，放上一枚五瓣花书签。她说："他经常来看书，我要做很多书签，要让他读过的书里都有一朵五瓣花！"

"他是你同学吗？"沈小樱问。

"不是，我只在图书室见过他。"蔻蔻扬扬下巴，"他看书的样子很帅气吧？"

黄昏，沈小樱和蔻蔻在夜市上看到了男孩儿。他站在一辆三轮车旁，三轮车上摆着盆花，有红掌、万年青、仙人球、吊兰。

蔻蔻跑过去买了一盆茉莉。回家路上，她不停叨叨："他叫什么名字？为什么要出来卖花？他又住在哪里呢？"

沈小樱看着蔻蔻天真欢喜的模样，内心十分舒畅，她本想陪蔻蔻度过艰难时期，顺便赚一笔家教费，但她骤然发现，她获得的不只这些——她还忘记了自己的软弱和悲伤，因为，要想帮助他人，自己必须变强大。

6

沈小樱每天都陪蔻蔻去图书室。这天，男孩儿离开时，蔻蔻拉起沈小樱悄悄跟在他身后。

男孩儿走进一个房屋挤挤挨挨的小区。各种车子从大门涌出来，有烧烤车、水果车、凉面车、摩的车。人们用不同的方言大声打招呼，互祝生意好。小区里的空地上搭着棚屋。她们看到了一个简易的花房。一个拄着拐杖的阿姨正在给花浇水。男孩儿的三轮车停在花房门口，他正把花一盆盆搬上车。

男孩儿骑着三轮车出来了，她们跑到马路对面躲起来。蔻蔻说："我妈看到这些人，总说，你看那些人多可怜！可我不觉得他们可怜，他们努力生活，挺让人感动的。"

沈小樱很吃惊，十五岁的蔻蔻竟能有这样的认识。

沈小樱以为蔻蔻会节省所有的零食钱去买花，但蔻蔻却说："他的花总会有人买，但书签却只有我会做呀。他打开书的时候看到五瓣花。心情一定很好。"

沈小樱不解了，"那你又得到了什么呢？好像没什么用嘛。"

蔻蔻眼睛瞪得大大的，"非要得到什么才算有用吗？我做这些，内心很快乐，难道不重要吗？小樱姐，你难道没做过没用的事？"

沈小樱愣了。她读书，是为了考大学，她看电影，看书，是为了青春更丰盈；她喜欢贾良辰，花心思付出，是为了与他恋爱。所以，当她付出却没得到回报时，她失落，自我否定。忽然之间，她好羡慕蔻蔻。

7

黄昏，和蔻蔻在夜市闲逛时，沈小樱听到一阵熟悉的歌声：也许随手画的涂鸦，是最完美表达；也许随口唱的旋律，才当真啊；我们如此漫不经意，轻轻地落下……

果然是贾良辰，他抱着吉他站在男孩儿的三轮车旁唱歌，唱完一小节，他弹起轻快的旋律唱："如果你喜欢我的歌，请买一盆花吧。"

几支曲子之后，男孩儿的花全部卖完。

他看到了她，他拨动吉他弹出一个音符跟她打招呼。

"你怎么没回去？"他问。

"做家教呢，带这个小朋友。"沈小樱拍拍蔻蔻的头。

"你好，小妹妹，我请你们吃冷饮！"贾良辰大方地邀请。

旁边就是冷饮店，蔻蔻也给买花的男孩儿点了一份，蔻蔻去送冷饮时，沈小樱终于问贾良辰："为什么拒绝我？"

贾良辰垂眸，然后抬眼笑，"我从小就不安分，我考大学时，我爸跟我签了协议，说大学随我折腾，毕业得听他安排——要么进他的公司，要么考公务员。协议月底到期，我得开始履行协议内容了。"

沈小樱一脸茫然，"这跟你拒绝我有什么关系？"

贾良辰说："你不会喜欢作为商人的我，或者公务员的我，你喜欢的那个我，只是青春肆意挥洒的我。毕业之前，我也纠结过，但下棋的大爷一句话点醒了我。"

"他说了什么？"沈小樱问。

"人人都希望一生琴棋书画诗酒花，但最后谁也总逃不开柴米油盐酱醋茶。"

沈小樱默然良久。

贾良辰说："我也喜欢你，如果我们早点儿遇见，应该能有一些美好时光吧。"

沈小樱瞬间释然，她不遗憾，过去那两年，她的时光里，哪里没有他？满满都是他啊。

8

蔻蔻妈回来了，她说："专家建议我为蔻蔻考虑其他学校，比如技校、幼师校，他说，并不是所有孩子，都必须靠考试和分数证明人生。"

她又问蔻蔻："你愿意去技校，或者幼师校吗？"

"我愿意就可以吗？"蔻蔻反问，"亲戚邻居的孩子都上好大学，你不怕……"蔻蔻很委屈，看来，妈妈的心情她都了解。

"对不起，蔻蔻。"蔻蔻妈说，"只要你健康快乐，我不会再逼你。"

"我也会努力的，妈，"蔻蔻说，"我不笨，不是傻子。"

沈小樱答应陪蔻蔻到中考。蔻蔻想读幼师学校，妈妈为她报了舞蹈和绘画班，她虽然没天赋，但却学得更快乐。

她们依然常去图书室，男孩儿看书，蔻蔻偷看男孩儿，五瓣花盛开在越来越多的书里。

有一天，蔻蔻正捧着绘本在看，忽然问沈小樱要纸笔，说要把一段话抄下来。那本书叫《我的心中每天开出一朵花》。蔻蔻翻开的那页写着：

> 掉落深井，我大声呼喊，等待救援。
>
> 天黑了，黯然低头，
>
> 才发现水面满是闪烁的星光。
>
> 我总在最深的绝望里，遇见最美丽的惊喜。

书页里，还有一朵橙色的五瓣花书签。

蔻蔻认真地抄着，说："这就是我想说的啊，这个夏天，遇见你，遇见……他。"

男孩儿靠坐在地上，认真读书，似乎毫无觉察。沈小樱拿起五瓣花书签，她看到，叶子上写着一行小字：遇见你，是我最美丽的惊喜。那是很好看的行书，带着几分拙朴的潇洒，应该是男孩儿的字迹吧？这是腼腆又感激的回应吧？

真美好啊。他们是彼此的星光和惊喜。

沈小樱想起贾良辰，贾良辰又何尝不是她遇见的惊喜？是他带来电影、摇滚、爱情的可能，是它们让她青春开出了五色的花。这些，可能比一场恋爱更重要。

旧时光里的小往事

扣 米

1

桌子上放了一杯珍珠奶茶，一包奥利奥，一桶烧烤味薯片。

晚自习的课间，人声鼎沸，怪叫连连。好事的男生扯红了脖子，"纤歌，你啥时候搭上了小太妹？"女生们则用写满了"果然如此"的鄙夷目光反复打量我。

我手足无措地看着桌子上被众人视为"搭上坏学生证据"的零食，脸烫烫的，脑内空茫一片。我仿佛一下子被隔绝在了教室里的喧嚣之外，整个世界只剩下三包零食，以及隐隐被它们与我连接起来的，延汐。

在延汐出现前，我从不相信世间上竟然有人能将叛逆期的特征诠释得如此经典。她的打扮大胆另类，染着栗黄色的大卷发及腰，校服总是刻意修短，走在校园里，总能惹起不少旁人的注目乃至好事男生吹口哨的示意。班级里也有林林总总的传言说她父母有钱有势，她在之前的学校是出了名的小太妹，打起架来绝不逊于男生。

总而言之，延汐一切迟到逃课甚至打架的行为都可以被视为她的正常活动，而我们也渐渐在私底下改口，称她为小太妹，并且敬而远之。

小太妹继续她的风火事迹，我继续自己的尘埃生活。从小太妹看上陆泽川的那时候起，我与她才算有了真正的交集。

刚开始，小太妹采取了一系列的询问攻势。

"纤歌，我可以跟你放学一起走吗？"

"纤歌，你放学跟你哥哥一起回去吗？"

"纤歌，你家住哪里？"

她每天放学都会准时在校门口等我，一路上都是有关陆泽川的话题，可我的回答总是淡淡的，不愿迎合她有所图谋的热情。

关系也就这么不咸不淡，干巴巴地黏扯着。

直到有一天，小太妹终于决定向那时已经高三的陆泽川表白。

普通的女生也许会选择递情书，但是一向特立独行的小太妹则将一封白纸红字的"血书"托人转交到陆泽川手上。

内容露骨直白：请你喜欢我。

我想象着陆泽川扭曲的神情，也不知道他看完是否会生气地将纸揉成一团扔进垃圾桶，反正那次公然表白后，几乎全校的学生都在沸沸扬扬议论着这一花边头条。

表白自然是失败的，可更打击人的是，陆泽川经过小太妹身边依旧淡淡地扫一眼，毫无波澜。小太妹的气焰立马消下去了，可她转而向我实施了第二轮攻势，贿赂。

我做梦也没有想到，她竟然会在我出去上厕所的空当，点着名把怀抱里的零食送给我。相较于我面对桌前的尴尬与委屈，小太妹事后却是笑嘻嘻地问我，那家店的奶茶好喝吗？她满脸笑意向我靠近的那一瞬，我本能也是刻意地向后退了一大步。

我声音怯怯："你……你说吧，有什么需要我帮忙的，我想，我会尽量帮你的。"

小太妹自然没有放过机会："既然你那么说……纤歌，你能告诉我你哥的电话号码吗？"

片刻，她惊喜地双手接过我写好的便利贴，捂在胸口，时不时张开手心看两眼，小心翼翼。看着她雀跃的小女生心思，我却有种像一枚胡桃被敲开了外壳，坚果的那种微涩立刻就弥满了整个内心的感觉。

就连台词我都想好了，如果她拨通了电话，而作为接听者的我会装作极其歉意地告诉她：一时贪快，写了我自己的号码。

然而令人庆幸也困惑的是，此次之后，小太妹竟然从未拨过这个电话。

2

即便是升上高三，学习打球两不误的陆泽川依旧获得参加市篮球赛的资格，但这也使得年级里不少只专注于篮球的人起了嫉妒之心。

这期间，陆泽川曾被好几个落选的男生围堵在综合楼的男厕转角处。而两耳不闻窗外事的我能够目睹全过程也全是因小太妹课间急匆匆地破门而入，拽起我的手便往肇事地点跑，全过程她只说了句：去救你哥。

当我大概了解情况之后，陆泽川的身影早已扑入我们的视线，数个高大男生围着他。

幸亏小太妹临危不乱，当机立断，她提高音量，"我已经通知老师了，你们该不会想在高三弄个处分吧？"

几个男生闻声回头。此时我已经颤巍巍地躲在小太妹身后，下意识攥住她衣角。我想是因为小太妹在学校里的骇人事迹，面前的几个男生对视几眼，竟然悻悻离开了。我仿佛感觉到小太妹僵硬的身体瞬间软下来。

她没有立马冲向陆泽川搀扶安慰，只是交代我送他去校医室，便独自离开了。这一切完全出乎我的意料，包括陆泽川事后问我："她是你们班的同学？"

原来，他无视她，居然因为他根本不知道她是谁。

"她就是向你表白的小太妹，延汐。"

幸好陆泽川的伤势只是小擦伤。但以防对方在途中再生意外，当天放学我与陆泽川一起走。但是一路上，我们都心事重重，并肩行走却缄默不语。

突然一声信息提示音打破沉默。陆泽川手忙脚乱掏出手机，扫了屏幕不足数秒，立马转身原路折回。整个过程他只留下一句话："我有事，你走人多的大路先回家。"

抑不住好奇心的我也快步随尾回到学校，借墙壁掩半身，悄悄探出头来。

那几个阴魂不散的高三学生居然提着棒子气势汹汹地堵住了小太妹，而此时我也瞥见早一步到达的陆泽川闪进了一边的角落里。

"……谁让你多管闲事！我们可没有时间跟你纠缠，现在你只要帮我们把陆泽川骗过来，你就能走了！"

他们手中木棒的剪影将小太妹的脸色切割成明暗分明的长条。她依旧倔强的目光和他们晃动木棒缓缓挪步的样子像特写镜头一样被不断放大。

"住手！"陆泽川突然出现的身影挡在小太妹身前，我踩在他被夕阳拉得长长的影子上发愣，脑袋里空无一物。

陆泽川把目光放在那几个男生身上，语言挑衅："明天放学我跟你们打一场球，你们若能赢我，我便主动退出。"

谁也没想到，几名男生居然咬牙切齿地应一声"绝对会赢"，便潇洒离开了。他简简单单的一句话就轻易熄灭了一场即将一触即发的战火。

"不要动不动就打架。他们只是不服，不是心存恶意的。"

"我替你生气而已。"

小太妹与他面对面站立。暗黄的光线映出两人好看的轮廓，如果我不是被自己指尖的指甲划痛，我会觉得我正在偷看一幅色调温暖的少女漫画。

陆泽川接下来说的话我没能听清，只是看见小太妹掏出手机递给他，但又把手猛地缩回去，脸色顿时变得通红且窘迫。他有些莫名，向她解释："只是留个电话，他们如果再骚扰你，也能及时打给我。"

她支支吾吾，他也没有勉强。道别前陆泽川好似有什么话跃到舌尖，但犹豫片刻，又硬生生吞回肚子里。最后他只是说："小心点儿。"

陆泽川不理解，可我怎么会不知道小太妹的心思。她是在害怕陆泽川输入号码后，会发现她手机里早就存了他的电话，到时候又要以什么理由解释呢。

可是小太妹不知道，她预想的一切都不会发生，而她真正殷切盼望的，却被她狠心推开了。

3

此事之后，陆泽川几次有意无意地向我提起小太妹，大致意思是说他倒不觉小太妹有传言中那般可怕。后来小太妹也入选了校队，征战市篮球赛。她与陆泽川更多地出现在对方视线中，虽然并未真正对话、相处，但小太妹对于现状倒是非常满意，逃课打球的情况也越来越频繁。

班主任不止一次对此事苦口婆心地劝导小太妹，但成效并不明显，迫不得已她以我与小太妹关系看起来还不错为理由，希望我能作榜样感染她。

太简单了。

不知从何时起，我对小太妹撒下的谎话竟越来越多，越来越理所当然。似乎我心里早就有一个可怕的歪理扎了根：她是坏学生，所以我在她身上所使的坏都不算坏，不足以伤害到她。

我跟小太妹说："陆泽川喜欢聪明的女生。"

只是荒废学业多年的人，要再度下决心学习，咬牙坚持需要多少勇气毅力。

小太妹居然开始拼命地学习。从前最少要迟到一节课的她竟然每日最早到教室，并且用极为不标准的发音大声朗读单词，甚至放弃午休时间，一边啃面包一边做练习。告诉她夏天了，她马上说地球正转至远日点，6月22日是夏至。就连她主动开口问我的，也不再是陆泽川，而是英语单词怎么拼写。

小太妹在桌上放满零食，为了省下去食堂的时间，不再搭理课间成群而来的姐妹，宁愿忍受她们的冷嘲热讽。

有人备受鼓舞，也有人不屑一顾。

可在我眼里，她更像一只刺猬不顾一切地拔掉身上的刺，面目全非，千疮百孔。

4

如果仅仅开启学霸模式几周便能名列前茅，那该让从小便以学习为主轴线的好学生们情何以堪。自然，小太妹也明白其中道理，所以她才会在期末考试前，削平骄傲的棱角，恳求我：帮她作弊。

小太妹的脸色确实憔悴了许多，有些自嘲地说："我要证明给他们看，考全年级前一百。"

我嘴边"绝不可能"四字差点儿脱口而出，也忘了问"他们"是谁，最后只是磕磕绊绊问她："你要我怎么帮你？"

可是那次考试，我失败了。

我过分小心翼翼的动作还是被老师当场识穿，继而我的人生里首次出现了"处分"两字。从小到大，我都是安分守己的好学生，如今，尊严、眼泪都已溃不成军。

校门前醒目粘贴着两张作弊处分公告。

一张我的，一张小太妹的。

小太妹是主动向老师坦白的。众老师一致认为，坏学生强逼好学生作弊的行为很恶劣。当然处罚也很严重。

那一年，小太妹被勒令退学。

她就这样，自然而然地淡出了我与陆泽川的世界。

5

白驹过隙，时间无漏网之鱼。

我升上高二那年，品学兼优的陆泽川早已被名牌大学录取了。

如果我没有记错，到那年寒假补课期间，我才再次见到小太妹。她安分地伫立在大门口，而我愣了半晌才认出她。

小太妹剪了及肩短发，打了耳洞，不畏严寒穿起紧身裙子与高跟鞋，在当时的我看来，这些与学生身份格格不入的打扮，只需归结为一个词：沦落。

礼貌的寒暄告一段落，她开始切入正题。她仓促一笑，从手提包里拿出一团线条杂乱、勉强能看出形状的围巾。那么生疏的针法绝对是仓促中熬夜赶出来的。

她想让我将围巾交给陆泽川。

"不用我帮你了。"我用下巴示意她看向身后。不远处穿着白色棉衣和牛仔裤的陆泽川正向我们走来。她大概没想到，放寒假的陆泽川几乎每天都要回来打球，顺便接我一同放学。

也不知陆泽川是否认出她，他朝她礼貌地一笑。

"她是来找你的。"我说。

我看向小太妹，却发现她紧紧抱着手袋，迟迟未有动作。我顺着她的视线看向陆泽川脖子位置，一条手织厚实的黑色围巾格外抢眼。

良久，她很轻地摇了摇头，说没什么，只是回来看看。

"如果没什么事的话，我跟纤歌先走了。可以的话，我希望你们还是不要再见了。"陆泽川语气少有的直接，"毕竟，你们不是一路人。"

他抓起我的手腕离开，没有再回头瞧她一眼。

"你过分了。"

"你是我妹妹。"

岭南的冬天没有雪，一路上没有深深浅浅的脚印，连被新雪掩盖的机会都没有。干涩的地面只有萧瑟的寒风不留情面地吹刮，无痕。

我鼻子酸涩，"我真希望不是住在你家隔壁，不是比你小，不是被你照顾，不是一起长大。"

——不用理所当然地当着你口中的，妹妹。

如果我知道那是最后一次看见小太妹，如果我知道有些话憋住了，也许从此就再也没有机会说出口，那我绝对会回头道别，绝对会告诉她："我跟你，其实是一样的。"

6

回忆戛然而止。

从那之后有关小太妹的消息，也都是我从其他人口中拼拼凑凑得知的。

班主任之所以愿意谈起坏学生，大概是为了告诫现今的雨季少女们，千万不能误入歧途，否则她们的结局也将像小太妹一般。

离校，天色已近灰黑。

只有不远处的俊逸少年是我眼里唯一的发光体，我三步一跳向他奔去。他伸手揉揉我的头发，"伯母让我来接你回家。"

"陆泽川。"我仰头盯着他，认真问道："你记不记得一个叫作延汐的女生？"

"谁？"他一脸茫然。

"就是那个写'血书'跟你表白的小太妹。"

时光的痕迹潜入夜里，那些过去的轮廓突然栩栩如生，整个校园蓦然回到昨天。

　　只可惜，他终究还是摇摇头，说："忘了。"

　　原本就是与我无关的小往事。尽管我一直以来都是局外人，可心里还是免不了酸涩。也许是替那个用红墨水一笔一画写下"请你喜欢我"的普通女生不值。也不知道此时的她还会不会奋不顾身地为他打架，不知道那个为了不随父母回老家，下赌注考百名榜的女生还是不是一样傲然倔强。

　　她大概也没有想到，到头来，她只是自导自演了一场被遗忘在旧时光里的独角戏，罢了。

　　天边万里无云，漆黑一片，那些夺目的星星始终躲在夜幕里，不忍心走来。

　　我伸手将陆泽川的五指包裹住，他指间崭新的银质物品，割疼了我的手心。

019

两个世界的对望

蓝与冰

1

我和宫晓来是从一块西瓜皮开始结下不解之缘的。当然我们的故事并不像电影里演得那么罗曼蒂克，我一脚踩滑施施然倒下的同时他威武雄壮地出现，力挽狂澜扶住我问声"小姐，没事吧"。

现实情况是我正和同学唠得火热，把手里啃了一半的西瓜皮潇洒地往后一扔，就感觉有人拍我肩膀。我一回头，宫晓来正笑眯眯地望着我，指了指他小礼服上被西瓜皮砸过的痕迹，语气无比阳光地问，是你掉的西瓜皮吗？

我迷糊地答，啊。他的笑脸就更灿烂，那么，你死定了。等着吧，从今天开始，你就要倒霉了。

我压根儿没把这回事放在心里，只当是被哪个精神有点儿问题的男生搭讪了一小下。但当天下午的开学典礼上，看到学生会的干部清一色的西装小礼服，只他无比扎眼地套个白衬衫还坐在副主席座位上时，我立马震惊了。他在台上自如地总结陈词，我却总觉得他只是在冲着我不怀好意地笑。于是，我的脑海里一直复读机一样重复着他的话，我死定了死定了死定了……

之后，我的倒霉日子就真的开始了。第二天，公示板上迟到的人名里就有我响当当的大名——王梦淑。

当我看到那份通告时，着实吃惊不小。虽然我是迟到的惯犯，但被抓住还是第一次。平时我都会趁他们不注意迈开我的飞毛腿"嗖嗖嗖"就窜过去，让他们想记过也没机会，可是今天我怎么会这么倒霉？直到我看到今天值周生的大名，宫晓来，我才恍然大悟，一阵愤恨地咬牙加跺脚。

我正在心里问候着他的祖先，宫晓来慢悠悠地出现了，笑着说，怎么样，敢惹我？

我斜了他一眼，飞快地给了他一记肘回旋，可力道还没等发出来，他就一把把我的胳膊折到背后，笑眯眯地说，还不服输？

我的小宇宙就瞬时爆发了，我霸气地说：我王梦淑这辈子就没说过输字！

刚说完我就在宫晓来的狂笑声中羞得想翻白眼。宫晓来还在后面制着我的胳膊，这不利的战况让我很是郁闷。于是我静下心，仔细地观察了下四周，然后下定决心，泪光点点、娇喘微微地喊起来：非礼啊！

四周五彩斑斓的目光就都向我这边"唰唰唰"射来。宫晓来的脸一下就绿了，然后又红了。优等生代表、学生会副会长马上就要晋职主席的宫晓来同学竟在大庭广众之下握着纤弱少女的玉臂惹得人家目露难色、双颊飞红，这是一出多么壮丽的好风景啊。

2

死党们总说，我的个性背叛了我的名字，而我的外表又背叛了我的个性。

的确，其实我在小时候无数次责怪过我爸妈给我起了个这么娘娘腔且一点儿都不霸气的名气，我宁可自己叫王大壮，王阳刚也不想叫这个太女性化的别嘴名字。我留齐眉刘海，水灵的大眼睛和不施粉黛的脸蛋儿，尖尖小小的下巴，标准的好孩子脸。再加上清一色的干净白上衣，长直筒裤，乍看所有人都会觉得我是单纯可爱毫无心机的邻家小妹妹式女生。

但是但凡和我处久了的人都会有一种想自戳双目的冲动。我火爆的小脾气，我霸道的小个性，能让我前一秒还乖巧地笑，后一秒就抄起椅子冲看不顺眼的人摔过去。

就是啊，谁规定太妹就不能小清新，流氓就不能有文化了？

可能宫晓来也被我的外表欺骗了，所以那天晚上看见鼻青脸肿的我时才会那么惊讶吧。晚上十二点半，我从围墙上灵巧地翻下来，结果刚走两步就迎上了一张惨白的大脸。

我还没来得及惊叫，宫晓来就无比凄厉地叫了起来。他说怎么了？王梦淑你怎么了？

我斜了他一眼，你能不能别叫得跟我快撒手人寰了似的？

宫晓来没理我，飞快地打开挎包，拿出创可贴贴在了我脸上的伤口上。等他贴完了两个，才注意到，这朦胧的小月色，这暧昧的小动作，惹得我俩都脸红着大眼瞪上了小眼。

还是我反应快，我说这么晚你出来干吗，耍流氓？

宫晓来白了我一眼，我可是正经八百地刚下补习班好不好，倒是你，一个小女生大半夜的出来干吗，等着被流氓耍？

我就地坐了下来，说我打架刚结束啊。

你能不能不说地这么理直气壮？宫晓来皱着眉也在我身边坐下了。晚风有点儿凉，我有意地往他那边靠了靠，就感觉他身体微微一僵。我就笑了：你们好学生哪懂得我们的悲哀，没期待，也就没了压力，要自由，就不能要安全。

宫晓来接道，我不懂，可是我羡慕。我每天扮演着好学生的角色，活得好累。好羡慕你们自由自在轰轰烈烈的小日子啊。

我就笑了，也许这是人类的通性吧，总是觉得别人的比自己的好。你知道吗，我也好累啊，好想变成一个好孩子啊。

我们靠在一起有一搭没一搭地聊着，把之前的恩怨都抛到了脑后。直到我听见他说，其实我真的好喜欢你……这类型的人啊的时候，我就抬头仔细地看了看宫晓来，月光滴落到他的皮肤上，把他的身影浸润得几近透明，像童话书插图里的精灵一样有种虚幻的美感。我看到他眼波里流转的光芒，忽然就说，我当你女朋友吧。

宫晓来小脸一红，你，认真的？

我点点头，嗯，对了，你和郑天恩很熟吧？

我就看见宫晓来眼里的小波澜就忽地沉寂了。他说，嗯，那是我铁哥们儿。

我就定定地说，我喜欢他。

3

宫晓来还是没让我当他的女朋友，却开始走哪儿都带着我，对他的每位朋友微笑着介绍，这是我干妹妹，王梦淑。

我就真的收起自己的爪牙装起了乖巧的猫咪，你好，我是王梦淑。

我知道，我只要好好装装，我不算差的资本也能给人留个美好的印象，甜甜的小微笑也能把人迷得七荤八素。所以我在郑天恩在的场合都安静美好，心里烦躁得要命，却还装成一株与世无争的清高水仙。等到我终于能收到郑天恩注意的视线，我的心里总在鸣着轻快的调子，哪怕只是和他靠近一点点，我就快乐得忘乎所以。

是的，我喜欢郑天恩，从好久以前就是。那时候的我过着最嚣张的日子，我是初中的打架王，也是姐妹们口中的老大，凡是有打架总落不下我。我身手不算好，下手却极狠，而且每次都抱着亡命徒一样即使被打翻了也绝对要踹你一脚的决心，所以渐渐地有了点儿小名声，身边混起了铁姐妹。那段日子，可以称之为暴戾，可以称之为叛逆，我却只想称其为血气方刚。那样自在的日子会让我感觉每一个细胞都在兴奋着，能忘掉一切不开心，活得要多潇洒有多潇洒。

也就是在那一天，我和外校的人群殴，真是一场声势浩大的群殴——她们一群殴我一个。只因为前几天我把她们老大的门牙给打掉了，于是就有了那一颗门牙引起的血案。那一天的腥风血雨一直在我的记忆里刮啊刮，却终于在雨过天晴之后给我一片明艳的红色。

睁开眼睛的时候我已经躺在了医院的病床上，脑袋还在嗡嗡地颤着，我起身才感觉全身的关节都像生了锈的零件，疼得我咝咝地倒吸着冷气，一抬头就迎面对上了郑天恩微笑的脸。说实话我不太记得当时郑天恩的面容和轮廓，但在我模糊的视线里，那个少年的剪影像光芒四射，让缩在黑暗里的我感动得想哭。从小爸爸妈妈就离了婚，留我一个人守着冷清的家，我总觉得整个世界都抛弃了我，所以我也对这个世界充满了敌意，我不怕死地和人争斗，不要命地保护朋友，只是太害怕被谁再次抛弃了。可是郑天恩，却在我被人打到昏迷的时候出现，捡起了被抛弃的我，还把我送到了医院。

我就在郑天恩出去的一小会儿空当里拖着我伤痕累累的身体一步一挪地悄悄离开了病房。我什么都没带走，只是带走了盖在我身上的校服上的名牌，少年灿烂的笑脸旁边，是一个后来我无数次念过的名字，郑天恩。

那之后我找过郑天恩，却看见他身边娇小可爱的女孩儿笑靥如花。当时我心里的失落和嫉妒就让我下定决心要扔掉自己一惯的打扮，换成一张干净温暖，让人喜欢的容颜。我穿上了白衬衣和帆布牛仔裤；留起了无比温顺清纯的清汤挂面头；收起了我嚣张跋扈的表情，对着镜子一遍遍微笑微笑练习到嘴角都抽筋。只因为，我也想当一个普通的女孩儿，普通地喜欢上一个人，拥有我普通却真实的幸福。

郑天恩也真的注意到了我，无数次聚会我都坐在宫晓来身边，看交际甚广的他说这说那，自己却很安静地做一朵小壁花。这鲜明的对比很容易惹人注意。我至今都记得当时郑天恩和我说的第一句话，你一直都这么安静吗？

我想任何一个熟识我本性的人听到都会讽刺得笑到肚子疼吧，可是当时的我还是微笑着轻轻点了下头。

郑天恩就坐到我旁边说，我一直很喜欢安静的人。

于是我就继续安静。尽管我心里有太多太多的话想和他说，可是他喜欢安静，那么我就安静。

我安静地陪在他身边安静地微笑，尽管心里别扭难受得要命，我也能在看到他对我展露笑颜时，像收到礼物一样高兴。

也许每个暗恋中的女孩儿都是这样，为了自己喜欢的人不断努力，向着他喜欢的模样不断成长变化。可是我们都忘记了，他连我原本的样子都不喜欢，又怎么会喜欢不像我的我呢。

4

宫晓来问我，你不知道郑天恩已经有女朋友了吗？

我点点头，知道啊，可是那又有什么关系吗。

宫晓来叹了口气，傻丫头，你就这么执着啊。

我点点头，浓郁的酸涩却开始肆意地漫溢，缓缓地淹至心口。

我早就知道郑天恩的女朋友刘瑶。早在初中时就见过的恬静美好的女孩儿，眼角眉梢都是自然温柔的笑，让人看了心都会软下来，那曾经就是我羡慕的模样。因为她站在郑天恩面前，郑天恩眼里的宠溺瞬时刺穿了我的虚荣心，我多想也看他一直对我微笑，多想让那天的小小温暖弥散开，于是，贪心的我一步步远离了自己。当时我只想不计一切地对他好，只为了那天他在我记忆里种下的那一点儿美好的光。

我和郑天恩的关系渐渐好起来，他说我温婉得像水墨画里的女子。我尴尬到有些笑不出来。我只是记得宫晓来说过，我像只充满戾气的野猫，洒脱自由。

我还以为，只要能在郑天恩身边，我会逐渐适应这种生活，真的变成一个温顺的女孩儿，陪在郑天恩身边微笑。可直到那天接到刘瑶的短信，我才忽然明白自己有多傻多天真。

我按照短信的地址赶到医院时，刘瑶正躺在病床上，面容苍白得让人心疼。她看见我就笑了，王梦淑，你太单纯了。郑天恩爱的是我，别以为你装淑女能骗过所有人，你的伪装到时候了。我告诉天恩了，这身伤，都是你造的孽。

我就有些蒙了，虽然我是有些卑鄙地想插进他们中间，但我还不至于真的小心眼到干出这种缺德事吧？凭什么我要受她这种诬陷啊？这么一想，我就真有点儿气火了，一把上前拽住了刘瑶的衣领，刚要质问她，郑天恩就恰到好处地进来了。

我就在感慨，我的人生怎么这么戏剧性、这么精巧啊。

郑天恩紧紧锁着眉，王梦淑，你太让我失望了。

我转过身，紧紧握着拳头，指甲狠狠刺到掌心里。可是我只想问一句，两年前，你还记得你救过一个小太妹吗？

郑天恩回忆了一下，忽然就笑了。王梦淑，你别说那天那个人是你？这也太可笑了。

于是我了解了事情的真相，我被群殴地快吐血身亡的时候，打篮球回来的宫晓来和郑天恩看到了这惊险的一幕。于是没大脑爱冲动的宫晓来提袖子就上了。女生们一看有个男生来帮我，于是纷纷不甘示弱地一个个唤出自己的男朋友，没有男朋友的则更红了眼，把气都往我身上撒。

而一直粗心的我醒来后只看到了对我微笑的少年，却没注意旁边病床上被打成猪头的，宫晓来。

我就定定地听完了事情真相，没管语气平静但还在质疑我形象变化能这么大的郑天恩。我只是淡淡地笑了一下，转身走了。

是啊，如果是以前的我，一定会火冒三丈，冲他大叫：你还我纯情！

可是现在，郑天恩，我不怪你，真的不怪。虽然是误会，但你让我重新捡回了一颗少女的心，所以以后，我还是会对你微笑，风轻云淡。

5

宫晓来来找我的时候，我正坐在楼顶的栏杆上一根根地抽着熊猫烟。他像一头愤怒的小狮子一样一把冲过来把我从栏杆上扯下来，面色苍白地把我叼着的烟狠狠甩开，双眼通红地问我，王梦淑，我求求你了，能不能别再让我心疼了。

我轻巧地笑了。我说你还会心疼啊，教教我那是一种什么样的感觉，我没有心欤。

宫晓来的眉头就皱得更紧。我接着笑，亏你还认得出来啊，我现在的样子。

我穿上了宽大嬉皮风的衣服，头发也烫成了方便面，涂得过厚的深绿色眼影压得我觉得整个世界都变绿了。早上胡乱涂抹之后我都不敢轻易照镜子，怕猛地一看吓着自己。

宫晓来说，不管你变成什么样子，你都是你啊，我喜欢的王梦淑啊。

听他说完我就笑得更厉害了，我凑近了他，盯着他的眼睛说，我恨透了你们这群所谓的好学生，你们身上的优秀味道让我闻了就恶心。

我说，你滚吧，滚远点儿，我不想再看到你，再想起郑天恩了。

宫晓来像没听到一样，继续说，可是，我喜欢你，我还是喜欢你。

他说，你知道吗，那次你奋力和一群女生打架，孤身一人，身上的倔强的劲头直接吸引了我。所以好久之后再次遇到你我才那么高兴地一直跟在你身后，所以在开学典礼上我才故意不穿礼服，在迟到名单上记你的名字。很可笑吧，我只是为了让你能想起我，记住我。我喜欢你，倔强、坚强、吸引着我的你。

我冷笑，可是我不喜欢你，一开始接近你，就是为了能靠近郑天恩。现在他拒绝我了，我也对他死心了，所以你，没有利用价值了。

我不理他，一个人向楼梯口走去。楼顶空旷的风让我宽大的裤子鼓了起来，像一只滑稽的蘑菇。一瞬间，仅仅一瞬间，少年清俊的剪影，少女转身的镜头，让我以为那是梦一样美好的场景。

我帅气地走向通往楼下的楼梯，只留给宫晓来一个背影。逼仄的楼梯满是铁锈和霉腐的难闻气味，我扶着晃晃悠悠的扶手，打了一个大大的喷嚏，然后，眼泪就掉下来了。

6

其实得知真相的我还是一如既往地傻和笃定，既然认错了守护我的人，那么找到正确的就行了啊，况且他离我那样近，况且我是那样地，喜欢他。喜欢他眉眼间坏坏的笑和望着我的心疼、怜惜的眼神。我甚至感激上天告诉了我真相，对于郑天恩由感恩演化成的感情可以不用再坚持，可以不用再伪装成一个安然美好的女孩儿了。而和我打成一气的宫晓来就不同，他才不会因为我的暴戾、我的霸道而皱起眉，所以那天我笑了，是发自内心的轻松。我终于可以安心地放下郑天恩，去好好爱我喜欢的男孩儿了。

是啊，我早就喜欢上了宫晓来，只是内心里总在提醒我，来到这里是为了郑天恩，你可别真的当上了水性杨花的女人啊。既然我已明了一切，既然看清了上天给我的玩笑，没了纠结的我自然可以放手大胆去爱。

可是那天被叫到办公室时，我刚解放的心情就又被扣上了重重的枷锁。办公室里，两双眼睛冷冷地审视着我。我的班主任抬着眼镜，说着，王梦淑你能不能要点儿脸？你都装给谁看呢？你以为你的英雄事迹谁不知道吗？

我麻木地扭头，看着那位面色肃然的阿姨。然后听见班任说，这是宫晓来的妈妈。

班主任接着说，人家家长看了宫晓来的日记才知道那孩子都在想什么。你也真好意思，不看看自己什么情况，就去勾引那么优秀的宫晓来同学。

我说，放心吧阿姨我就是和他玩玩，我才不可能喜欢上他呢。

她才开口，我知道，你们根本就是两个世界的人嘛。

一句话，如雷灌耳，忽然让我清醒了不少。所以我没去管被这道雷镇痛的双耳，还有被闪电刺伤的心。

7

所以宫晓来，我就这样离开了你。因为我深知，我们是两个世界的人，也许我们有共同的想法和相互喜欢的心，但现实并不是有了这些就有了获胜的筹码，我输不起，我已经有了一个让我伤透了心的家庭，我不想再经受那些被抛弃、被鄙夷、被责怪的日子了。我只想安心地安心地，过一些平和简单的小日子，再不用坚强地用我原本柔软的肩去顶起一切的重压，可以舒然地笑。

你身上有吸引着我的光，可我越是靠近，越会被光线灼伤得遍体鳞伤，那都不算什么，最痛最疼，是离开那些美好温暖的时候，内心里空落落的虚空感，会让我觉得，一切都好不真实。

是啊，强悍的王梦淑有那么多害怕的事呢。你一定看不出我的小心思，在你身边逐渐接触你的圈子时，才让我看到另一个世界，你们都优雅而美好，我像一个小乞丐一样，隔着玻璃橱窗看里面的金碧辉煌和琳琅满目，一边酸酸地嫉妒，一边清楚地明白，那些美好，都不属于我，与我没有一毛钱的关系。

开始的时候，我还是那么笨拙，分不清感恩和喜欢的区别，以为自己的殷切虔诚的感情就是女孩子应有的让人双颊飞红的喜欢，却不懂喜欢一个人，不应是抱着感激和欣赏，不应是为了他而一遍遍勉强自己，真正的喜欢很简单，只是在一起，嘴角就不自觉地上扬，就能忘记一切不开心，就能感受到最简单、最轻松的快乐。

就像我喜欢你一样。

都是因为你在，我开始拥有了作为一个女孩儿的幸运与幸福，我开始渴望多和你在一起放松自如地笑，我开始明白了喜欢一个人，是多么的美好。

可是，我深深了解自己世界的不堪，女生打架不像男生，可以豪爽地捡块砖头就开打，我们最有效的方法是拽头发，最有利的武器是长指甲。我留清汤挂面穿长筒裤不仅仅是为了我心仪的少年，我的脖颈处有触目惊心的浅褐色抓痕，我的双腿上全是打架所得的"勋章"。让我在洗澡的时候，望着那些怎么也去不掉的伤疤，总觉得自己是一个支离破碎后重新拼凑起来的人，难过得快要哭出来。

你看，我连过去和现在都无法把握，又怎么能许你一个未来呢？我是很向往你的世界里耀眼的光芒，可我接近，只会一点点了解自己的卑微，灼伤到我脆弱的心。

可是宫晓来，我还是很感激遇到了你。你让我懂得了身为女孩儿的美好，喜欢着一个人的快乐。我像一个什么都不懂的小孩子，是你教会了我一步步地看清情感。你的陪伴终于让五色的光照亮了我的世界，所以我学会了喜欢别人，学会了与人交往，学会了微笑，学会了悲伤。

于是我终于能在夜里，在一个人的时候，在想你的时候，放肆地，哭出来。

老仙女的糖醋排骨已远去

蓝 普

1.树与少年

高考在即，毕业班照例延长晚自习时间，每天下课都很晚了，天色如倾覆下来的一瓶浓墨，偶有一两颗星子在夜幕里寂寥地闪烁。

父母工作忙碌，我不像其他女孩子，放学了有家人殷切地候在校门口，嘘寒问暖。我独自抱着笨重的书包走在回家路上，脚步很快，像在逃离什么。

直到我像往常一样，在那条种满梨树的小巷停下来。

我看到一个十五六岁的男生，他爬上梨树的枝杈间，细长的双腿一晃一晃。

此时月黑风高，换作旁人，看到此情此景定会觉得诡异可怖，好在我自幼在乡下长大，到了十岁才被工作上小有成绩的父母接到省城，开始过上曾很艳羡的"城里人生活"。

可这一刻，我仰头看着高高悬挂的月牙，以及那些随风飞舞到少年肩头的梨花，倏忽间，记忆仿佛被抽成了一根丝，缠缠绵绵地扯出去好远。

我依稀看到儿时的自己和满脸褶子却笑靥如花的孙小姐。

那时我们也是这样并肩坐在枝头，她因为攀爬而涨红的脸还浮现在我的脑海，她气喘吁吁地指着大山的另一头，说："清清，看到远处的灯火了吗？爸爸妈妈就在那儿，清清要努力学习，变得足够优秀，那样就可以独自越过山川去找他们了……"

犹如看见希望的曙光，我高兴得手舞足蹈，完全忘记自己身处两米多的枝头。跌下去的前一秒，是孙小姐拉住我，可那时我是镇上有名的胖妞，年迈如她，根本拉不住，我们跌进油菜花田里，星光洒下来，我清晰地看见她脸上的擦伤，她还在笑，没心没肺，可我却哭了。

——我是爸爸妈妈最亲的人，为什么，他们要把我留在那个寂寞荒凉的地方，遥望不可触及的星空与灯火，日复一日地思念？

往事历历在目。

我努力地仰起脸不让眼泪流下来，却因此对上少年诧异的目光，我有些恼羞成怒，瞪他一眼，转身走了。

2.老太太与小媳妇

我记忆里的孙小姐，是个出了名的老好人，用时下流行的话来说，就是一朵白莲花。邻里有什么麻烦事，找她准没错——帮忙照看老人小孩儿，调解家庭纠纷，抑或隔壁任性的王奶奶不肯做饭，经常让自家的孙子和猫饿着肚子，她也会主动将吃不完的饭菜打包送去。

我讨厌她的性子，不，准确来说，孙小姐这个人实在让我没法喜欢，每天都笑嘻嘻的，好像从没烦恼，有段时间，我甚至坏心眼地把她当作傻子，要不怎么我难过时，她依然笑着？还怂恿我陪她一起傻笑，"清清，别这么严肃嘛……"就像个白痴一样。

当然，我讨厌她的最主要原因是——因为她，我没少被同学们嘲笑。有一次我甚至被他们围在一起，拍着手大声骂："没爸妈，野孩子！"他们的眼神无辜极了，就像在唱一首童谣，说出来的话却如此恶毒。

我气得不行，搬起一块砖头像只疯狗一样四处砸，"谁说我是野孩子！我爸爸妈妈在城里当大官，赚大钱呢！"

我被愤怒迷了眼，直到砖头磕到其中一个男同学，他惨叫一声，应声倒地，同学们吓哭了，飞快作了鸟兽散。

回家路上我怕极了，想到班主任严令要我请家长的口谕，更是心如死灰——如果孙小姐把这件事告诉爸爸妈妈，他们会不会失望，会不会一辈子不要我了？

我惴惴不安，回家却看到一个让我抓心挠肺的画面，她居然正和隔壁的王家孙子以及他的猫一起愉快地吃晚饭！

我又急又饿，眼见王家孙子那只罪恶的小爪快要伸向我最爱的糖醋排骨，我一个健步就冲过去，力道之大，撞得他一个趔趄，左脚还踩到了那只肥猫的尾巴，那只猫和他一样讨厌，那么大的吨位，愣是蹦起来扇了我一巴掌……

夜里给我上药时，孙小姐似笑非笑地看着我，那眼神怪吓人，我又不免觉得生气，"笑什么笑？都怪你，把那个白吃白喝的讨厌鬼带回家……"

她还是笑，"清清，我对王可好，你莫非吃醋了？"

吃醋？我愣了好一会儿才反应过来，"谁吃醋啦？都说不要看那么多韩剧！"我气呼呼地钻进被窝里，末了，才惊觉自己的语气就像一个和丈夫拌嘴的小媳妇儿。

033

3.日光与蔚蓝天

墨菲定律说过，该来的总会来，越想隐瞒的却越是欲盖弥彰。

果然，第二天孙小姐就因为我的行凶事件被请到了学校。

"清清为什么要打这个小朋友呢？"很意外，面对老师以及受害者家长的质问，她只是侧过头来这样问我。

"他们先骂我是没爹没娘的野孩子！"我不再低着头，冲过去指着那个隐隐啜泣的男生，"你凭什么这么说我？凭什么？"

"好了好了，我们不跟这种人生气。"她温柔地安抚我。

老师都看不下去了，指责孙小姐的刻意偏袒，又勒令我向对方道歉。

"放心，这位同学的医药费我们会全额赔偿，至于道歉……"孙小姐的笑容依旧，只是语气坚定起来，"我们不会道歉的。"

那一刻，我定定看着她微驼的背影，窗外正是蔚蓝天，日光汹涌，照在她花白的头发上……

我忽然觉得孙小姐有那么一点儿小帅。

4. 失落与开心

那件事在学校闹得沸沸扬扬，孙小姐偏袒得如此明目张胆，本来就已经惹人争议，加之原告方一哭二闹的泼辣作风，很自然的，没过多久我便被开除了。

得知消息的父母终于要回来了，我在客厅里隐隐听到他们打电话，我直接忽略掉孙小姐挂电话时的失落，只记住了他们下飞机的机场，夜里我在小字本里写了一遍又一遍，生怕忘记。

"清清，如果，如果我以后不在你身边了，你要怎么办？"晚饭时，平日里爱笑的孙小姐第一次流露出哀伤的神情。

联想到下午父母打来的电话，我直接脱口而出："那真是太好了，我就可以和爸爸妈妈一起生活了。"

她点点头，过了好久才挤出一个十足难看的笑容。

5. 糖醋排骨与老仙女

父母的航班晚点，我和孙小姐在机场等了足足四个钟头，起初我还兴高采烈，到了最后直接扑到她怀里号啕大哭，"怎么办啊孙小姐，他们又要抛弃我了，又不要清清了。"

"那才好呢。"她像小时候哄我入睡一样拍着我的背，轻轻地叹息。

我没听懂，问："你说什么？"

她不答，只是安慰我，"清清，他们不会再丢下你了，只是……"说到这里，她歪着脑袋想了想，眉头一皱，我这才发现不笑的孙小姐似乎真的有点儿老了，"只是飞机停靠在了云朵里，那里有老仙女想请他们吃一碗糖醋排骨。"

那时我已经十岁，自然知道这是一个有点儿美的谎言，不过看着孙小姐深锁的眉头，我忽然笑了，"那老仙女做的排骨好不好吃？"

"当然。"

"和孙小姐比呢？"

话音刚落，她还没来得及作答，一个风风火火的背影忽然蹿到我俩之间。

"啪"的一声，我甚至没看清发生了什么，过了一会儿，才越过盛怒的妈妈看见捂住左脸满目哀伤的孙小姐。

爸爸紧跟着走过来，他扯开情绪激动的妈妈，目光看向如一尊雕塑那样一动不动的孙小姐，"孙姨，清清承蒙你这么多年的照顾，作为家长，我们不胜感激。"爸爸的声音就像开新闻发布会一样官方而冷酷，"可即便您是我妈最好的朋友，您也得知道，您毕竟不是清清的亲生奶奶，没资格替她做如此重要的决定。

"没错，我们现在完全有能力给清清更好的学习环境，可那所学校对于我们夫妇俩的意义是不同的，那有多重要，您应该知道吧？"

是，不单是孙小姐，连我也知道，这个故事，孙小姐曾给我讲过无数遍。

那时我们家里很穷，巨额的借读费让人绝望，可是为了我的前程，父母执意卖掉了奶奶去世后留下的祖屋，爷爷自然万般不肯，说祖屋是奶奶留给他的唯一回忆，又引经据典，说什么女子无才便是德，为此，双方僵持了很久，最后爷爷来了一出很小孩子气的离家出走的戏码，希望儿子能回心转意，可是后来他真的走丢了，一辈子活在小镇的老人，去了繁华的省城就像尘埃落入了宇宙，一去无踪。我的父母很是愧疚，那之后也跟着去了省城，一来寻父，二来为了挣钱养家。

他们工作忙碌，无暇顾及我，是孙小姐主动请缨照顾我，就像我之前说的，她是个不折不扣的老好人，好到让人心疼，又让人怒其不争，怎么会有这样没用的老太太，她一手养育我，不求回报，却要因为一点点过错，被我从来没有尽过义务的父母指责到抬不起头来。

那一刻，我恍惚想起那个日光汹涌的午后，她挺直微驼的脊梁，像个英雄一样护在我身前，教会我面对世间的一切不平等，不要怯弱，要勇敢地抬起头。

可是，孙小姐，这一刻你为什么要表现得如此软弱？头低进尘埃里，看了叫人生气！

最后我看见爸爸扯了扯崭新的领带，像个成功人士一样拿出一沓钱，"这个作为辞退金，以后清清由我们亲自扶养。"

我没说话，眼睛眨也不眨地看着孙小姐，她欲言又止，悻悻转身。

绝望像澎湃的海浪，不遗余力地向我涌过来，我终于失控地喊出声："孙小姐！孙小姐！我们回家，清清不走了，清清要吃你做的糖醋排骨……"

我喊得声嘶力竭，却无法挣脱父母，曾经多少个思念他们的深夜，我嫌弃地躲避孙小姐安抚我的粗糙的双手，渴望他们能像现在这样紧紧地牵住我，再也不放开，可是很奇怪，这一刻真正来临，我却如此抗拒。

"孙小姐……"我声音有点儿哑了，她终于回过头来，逆着光和我微笑道别，那是我最熟悉的笑容，此时却染上我最陌生的哀伤，我的视野模糊一片，眨一眨，眼泪终于落下来，"带我走，好不好？"

身后红绿交替的航班信息，显示着这个世界的繁忙和拥挤，孙小姐在挤挤挨挨的人潮中，离开了我的世界，我们就此一别，整整七年不曾再见。

七年里，我每时每刻都想回到小镇，可我不敢，想到最后那一刻，孙小姐走得那般决绝，头也不回，我就不敢。

我的父母那样对她，小时候的清清也不曾给过她半点儿温柔，嫌弃她老；误会是她让自己和父母相隔千里，明明是自己贪吃，生了满口蛀牙疼得死去活来，却埋怨她老是做甜腻的糖醋排骨。

我如此恩将仇报，她该是恨我了。

6.我终于失去了你

高考前夕，我又在那条小巷看到那个男生，他坐在梨树的枝头，细长的双腿一晃一晃。

"你在这里干什么？"终于，我忍不住好奇大声问他。

"等一个人。"

"谁？"

"我不知道她的名字，"少年的眼神暗下去，又转瞬明亮，"可我知道她能做出一流的糖醋排骨，没有她，我和我的猫已经饿死了。

"她的为人也很好，善良而幽默，镇上的人都说她不像个老太太，索性戏谑地称她为孙小姐。

"对了，孙小姐还有一个孙女，我第一次见她时，她们坐在院里的梨树上看星星，那个时候的夜空好美，孙小姐也好美，孙女跌下大树时，她想也不想就跟着跳下去，那时我就觉得，和我相比，那个女孩儿真是好幸福。

"孙小姐真的很爱她，临终前，因为老年痴呆症，什么都记不清了，却唯独记得她。我那天去见她最后一面，她摸着我的头发，说，'清清，孙小姐没用，穷了一辈子，也没什么好东西能留给你，好在这些年你父母寄回来的钱我统统攒下了，孙小姐走后，你用这些钱去买你最爱的糖醋排骨，要吃得白白胖胖，像你小时候一样，肥嘟嘟的，那么可爱'。"

说着，少年有些哽咽，他从书包里拿出一卷报纸，风一出，露出钱币红色的一角，"同学，你认识清清吗？我想把这些东西还给她。"

再也忍不住，再也忍不住。我闭上眼，蹲下身哭出声音来，耳边依稀有春风拂过，像她温柔的笑声，像她轻柔地唤我："清清。"

"清清，看到远处的灯火了吗？"

"清清，不要这么严肃嘛……"

……

回忆里那些声音交错重叠，我好像什么也听不见了，在那片嘈杂中，最后我只听见她第一次在我面前表现出难过时的声音，我甚至能看清她脸上哀伤的眉眼和皱纹。

"清清，如果……如果我以后不在你身边，你要怎么办？"

"我会想念你，在余生所有失去你的岁月里，一遍又一遍地，想你。"

好遗憾，当时我就该这样对她说的。

我在原地拥抱你的背影

　　我爸爸总是酗酒，一喝醉就和我妈妈大打出手，打得严重的时候，警察也来过，时间久了，邻居们也不再劝架了，我看得出大家看我的眼神里都充满了同情，忘了从什么时候开始，每当他们吵架，我就会偷偷溜下来，等到估计没事的时候再溜回去。可笑的是，他们两个根本没发现我离家出走过。

我和我兄弟老鬼的故事

马佳威

老鬼同我在村子里一同长大，我们没穿同一条裤衩，但我们穿同一件内衣那是真真切切的，老鬼喜欢成熟型，而我喜欢文艺淑女型的女孩儿。所以按照人生轨迹的发展方向，我和老鬼打出生起就不是一个路子的。

我们都是有梦想的，老鬼希望自己能够功成名就，光宗耀祖。而我却希望自己有一天能够买一辆属于自己的拖拉机，开过开满油菜花的小道。老师常常夸赞他学习用功，却骂我是"绣花枕头稻草心"，我也很没用地认为自己只要吃光用光身体健康就好。所以那时候我母亲总是骂我没出息，并把老鬼搬出来做我的参照物。所以那时候我讨厌老鬼。

老鬼有暗恋的人了，他把这个惊天秘密告诉我的时候，我一脸震惊地看着他。但心里却像是抓住他的把柄似的扬扬得意。但作为他的好兄弟，我也死守这个秘密，倘若不是后来发生了一些事，我会把这个秘密永远烂在肚子里。听完他的秘密的时候，夕阳已经快落山了，湖面上还残留一丝最后的余晖。我起身拍拍屁股上的灰尘说我们走吧，老鬼说他要回家写作业，于是我们朝着两个方向走，他走向自己的"闺房"，而我则向着游戏厅奔去。

老鬼的胆子异常小，他妈是他唯一讲话超过十句的异性。有次他得到一大块硕大的水晶石，在阳光的折射下能把纸片点燃。老鬼喜欢的女生碰巧对这个感兴趣，说要看他把纸片点燃。可是任凭老鬼怎么动手，纸片都无法燃烧，老鬼的额头渗出了汗水。最后那个女生说要不一起去散散步吧，但老鬼就是不死心，非要把这个纸片点燃不可，他一个人在阳光下蹲了一下午。

老鬼在村里口碑相当好，而我却是人见人怕的混世魔王。所以常有人向我爸妈告状，说是我把张三家的菜园弄毁了，在李四家里偷了钱，还和邻村一群坏孩子躲在厕所里抽烟云云。我发誓前两样我是被诬陷的，我也不知为什么会被扣上小偷的名号，李四家的小孩儿的确邀请我去他家做客，但是钱不翼而飞真的跟我无关。我是被冤枉的，所幸的是我的父母也一口咬定这不是我干的。但是抽烟这事，也不能怪我。那时候我身边的玩伴都在青春叛逆期，想学着大人尝试一下抽烟的滋味，比我们稍大一些的小伙伴拿出一包市价三块钱的香烟，我们就躲到一间废弃的小屋子里，他给在场小伙伴每人一根，老鬼义正词严地拒绝了，但我却没有抵住诱惑，抽了一根。一开始被呛得眼泪都流出来了，后来却有一种飘飘然的感觉，屡试不爽。为了掩盖抽烟的味道，我们都会提前去村店买口香糖，嚼完然后在手上猛哈气，味道消得差不多了，就挺起腰背，然后大摇大摆地回家。但是常在岸边走，总有湿鞋的时候，后来被村里人抓包了。

起初父母不相信，但最后母亲无意间在我的房间抽屉里看见了一包烟，再仔细翻翻，最后搜出了三包，在母亲的质问下我如实招来。其实是小伙伴们没烟抽，然后形成了一个偷烟的组织，因为我的心理素质不好，偷不了的我就成为赃物的藏匿者。质问我的时候，我觉得整个世界都要崩塌了，我觉得我完了，整个心脏都跳出身体了。后来母亲狠狠地教训了我一顿，并把菜刀架在我的面前，说要把我的手给剁了，父亲知道情况立刻从工地里赶回来，结果出了车祸，索性没有大碍，只是摩托车撞坏了。

第二天我拖着被揍得到处是伤的身体上学，遇见老鬼。老鬼说昨晚被你妈打得疼不疼。我没有理他，但他把我被母亲打的事情告诉了别人。

而这个时候的老鬼其实也并未优秀到哪去，他和我一起去偷村里果园的柚子，他负责偷，我负责望风。结果被人发现，我甩下老鬼撒腿就跑。由此可以看出我那时候的人品差到极点了，丝毫没有义气可言。

老鬼被逮到的消息，是从我妈妈口中得知的。所幸的是老鬼没有把我供出来，这让我羞愧不已。

但是后来老鬼发生了一百八十度的转变，他开始没命地学习，他的梦想是当一名军官。我连收废品都收不了，这句话是从我亲妈嘴里说出来的。的确，我只能收废品了，因为在此后的日子里我参与过无数次团伙作案，他们偷窃的本领愈加娴熟，抽烟的本事也练得炉火纯青。还有偷废品去卖也被抓包过。所以我真的成了村里家喻户晓的名人，恶名远扬。

和老鬼断绝关系是在一个放学回家的午后，老鬼他妈在路上看见我喊我进屋，我进屋听到的第一句话是："我们家放电视旁边的一百块钱是不是你拿的？"我看着老鬼他妈的眼神，是一种厌恶的表情，那种表情让我后来看见他妈都躲得远远的。我知道再怎么解释也是无济于事。我的那些恶劣事迹村里人是知道的，所以这种冤枉也不是没有道理的。

他妈的意思是叫我离老鬼远点儿，怕沾染了我的坏习。这件事也在村里传开了，还跟我父母说了，但是……意外的是，父母得知后，他们什么话也没说，依旧说打死都不相信是我干的，尽管他们知道我的种种恶习是真的，而且我有那么多令人发指的前科。

再次遇见老鬼的时候，老鬼说我相信你，可是……他的意思是我们还可以继续愉快地玩耍，但是不能光明正大，老鬼会在我家楼下拍手三下叫我出去，不过这样的生活并没有维持很久。我时常怀念和老鬼一起看《西游记》，一起上学，他帮我做作业，然后我们坐在门口糊手工制作的场景。

某天，我和老鬼的同学在村口聊天，聊起老鬼的时候，我扬扬得意地说我知道老鬼喜欢的人是谁。他的同学好奇地看着我，我用手招呼他们靠近听，当我说出那个名字的时候，他们的脸都煞白了，我以为他们惊讶到了，但没想到的是老鬼就在我的后面。

至此，我们的关系完全破裂了，说起来我的确很卑鄙，就像小时候和老鬼赢印有卡通的纸牌时，每次输完，我总是对老鬼旁边堆成山丘的纸牌咬牙切齿，然后抢他的纸牌。我真是小气，没有一点儿愿赌服输的风范。

我人生的改变要从小学五年级说起，我们的新班主任是一个二十岁出头的小伙子，阳光帅气，教我们语文。我的成绩差，背不熟课文，但那个学期我却收获了人生中的第一张奖状，他说我写作文写得不错，有文采。六年级的时候他就转走了，后来再也没有见过他。他向下一个接替的语文老师说我写作文很棒，所以语文老师也异常欣赏我，全然不像四年级时候的老师说我是"绣花枕头稻草心"。

后来我进入当地一所口碑极差的学校，正因为如此，我才极力想摆脱这种状态。那时候班主任让我当副班长，结果很让她失望，我的成绩并没有她预料中的那么好，但是我的作文总是被她拿出来当范文。

老鬼也在这所学校，但是他有小伙伴一起吃饭，而我总是一个人。学校的条件真的差到连饭都没有地方吃，所以蒸饭然后去附近小饭店买菜的时候老鬼会带上我，我也抓住了这根救命稻草……好景不长，老鬼考到了市里重点高中，我主动邀请他给我辅导功课，他也邀请我参加了他的毕业典礼。

学校的条件真的不好，时常和那些坏学生打架，被同班同学打得进医院，被社会青年围堵在学校门口勒索。比起那些恶劣的学生，我竟然变成了一个不折不扣的好学生。但也好不到哪里去，捏着低分英语试卷不敢抬头，因为那个成绩比那些差学生还差，真是羞耻。但最后我也是为数不多考上高中的。

去离家不远的镇子里求学，学校不大好，升学率极低。尽管学校管理很严，那也是有条件的，对于我们这种一清二白的学生严。也正因为如此，受尽折磨，比如差点儿和抽烟的室友打架，被学生会搜查手机，还是在高考前几天，而我却是当时寝室里唯一没有手机的，说来也是讽刺。再比如说每天查房之后门外走廊都有聊天抽烟的人，真是让人抓狂。不过苦难造就人生，撇弃屈辱的岁月不说，最后我依旧以文科前几名的成绩考上了一所一般的大学，而我幼时的那些坏玩伴大多数已经在社会上"闯荡"了。

老鬼上了高中后我们还偶遇过几次，但是我和老鬼几乎没有什么瓜葛了，再后来高中毕业，我在网上无聊，通过朋友网搜到了老鬼。得知老鬼如愿上了重点的医学院，老鬼把我放在他QQ界面的一栏里，这是他女朋友告诉我的。曾经我们一起长大，一起经历灿烂的童年，我学坏时他曾几番想把我拖回正途。但总归来说，我们都只是彼此生命里的匆匆过客罢了。

好学生，坏学生

巫小诗

1

"每天上学都要穿这松垮垮完全不显身材、黑白无常般的丑校服，真是烦死了。"

"谁叫咱是一中的学生呢，人家七中就不用穿，三中也管得松，只穿校服上衣也不说什么，就咱学校，不穿还不让进校门，管理犯人似的。"

"你知道吗？方子萌放假也穿校服，我上周撞见过，人家对校服可是真爱啊！我放假的时候，巴不得一天换个三五套衣服。"

"她家穷呗，不然怎么这么发奋读书，这女人啊，奋斗的原因不外乎丑和穷，像咱们这种俩原因都不沾边的人，成绩不好是可以理解的嘛。"

"哈哈，说得对……"

后排的两位女生叽叽喳喳聊了整节课，对她们而言，吐槽和八卦才是正事儿，学习只不过是为得到零用钱必须完成的任务而已。

2

即便方子萌最孤单的学生时代都是在一中度过的，但她依然要承认，一中的确是全市教学质量最好的中学，没有之一。

成绩优异的方子萌，因为中考失利，分数仅超一中录取线十分，进了一中最差层次的班级。而这样的班级，往往是富家子和关系户的聚集地，他们没有为学习付出多少努力，却依然可以通过父母的走后门、砸钞票，和成绩好的学生平等地坐在最好学校的教室里。

"你跟他们不一样。"母亲总是这样告诉方子萌。而这句话里涵盖的几层意味，却让家境一般的方子萌透不过气来。当然不一样，而且必须不一样。她的未来只能靠自己，读书是她目前唯一的出路。

方子萌个子不高，坐在教室的第一排，她的同桌马鑫，人称小马哥，是某大型连锁超市董事长的儿子，据说，这位董事长先生可是给班主任包了厚厚的红包才替儿子谋得这个黄金座位的。

马鑫这个人吧，除了成绩不好，似乎没那么让人讨厌，上课不听讲也不会打扰别人，自己偷偷在底下画漫画，虽然不愿意给方子萌看，但她偷瞄过几眼，画得还不错呢。经常带些零食来分给她吃，还让她别拘束，可以跟别的同学一样叫自己小马哥。方子萌觉得马鑫是班上最好的人，他不孤立自己，也不会看不起自己，简直要为了马鑫，改变自己一直以来对富二代的偏见，于是方子萌在心里已经把马鑫当成了朋友。

直到有一天，马鑫很严肃地跟她说："方子萌，咱们做笔交易怎么样？我实在是不想写作业了，太没意思，我想有更多时间做我喜欢的事情，以后你帮我写吧，每做一次作业，给你二十块钱，写作文五十，怎么样？"

"你觉得说这样的话，合适吗？"方子萌的心都寒了，以为用真心交到的好朋友，对方却只觉得是做交易的伙伴。

"我觉得没什么不合适的啊，你看，你喜欢读书，我喜欢玩，我花钱请你写作业，你又学习了又赚了零花钱，这是很互利互惠的事情。我爸从小就教育我，为人处事讲的就是等价交换，这样咱们谁都不亏。"马鑫似乎觉得自己的设想很可行。

方子萌突然间就流下了眼泪，什么也没说，走出教室。

"唉！多大点儿事啊就哭！"马鑫的声音并没有让方子萌停下脚步。

3

上课铃响了，方子萌居然没回来上课。

惨了，她不是去找班主任打小报告了吧？马鑫心里特别没底，一节课都在胡思乱想，班主任倒是不怕，就怕班主任把事情告诉老爸，老爸前几天还在夸自己成绩进步，这事要是被他知道了，一顿揍少不了，甚至还可能削减零花钱，那真是惨了。

马鑫偷偷拿出手机，想给方子萌发短信试探情况，突然又想起，方子萌这个山顶洞人，是根本没有手机的，都高中生了，手机都没有，真是搞笑。于是又偷偷把手机塞回口袋去。"你在干吗？！"数学老师直接走到马鑫面前，"居然在课堂上玩手机，学校不是明文规定上课时间不许开机吗？把手机给我！"

"我没玩！"马鑫语气强硬。

"我明明看到你把手机掏出来了，没玩你碰它干吗？手机给我！"

"不给！你冤枉我！"说罢，马鑫直接走出了教室，"砰"的一声把门带上。

他独自一人在篮球场坐着，远远望见方子萌从办公室方向走来，马鑫恶狠狠地瞪了她一眼，自己平生最讨厌打小报告的人，亏之前还觉得她人挺善良，真是看走眼了。

方子萌倒是没有看到坐在球场上的马鑫，她径直朝教室走去，刚才因为情绪不好旷了一节课，她感到有些愧疚，不过，这节课她在心理老师那儿聊了很多，在不出卖马鑫的前提下，倾诉着自己没有朋友的困境，说完，心里舒服多了。

方子萌回到自己的位子上坐下，班主任急匆匆地来到教室，"方子萌，马鑫呢？"

"我不知道，下课就没看见他。"

"待会儿转告他，让他放学的时候，来我办公室一趟。"说完，班主任便又火急火燎地走了。

不一会儿马鑫就回来了，径直在自己位子上坐下，看都懒得看方子萌一眼。而什么情况都不清楚的方子萌，只想借着传话的机会跟马鑫说上一句话，或许还能和好，"班主任让你放学的时候，去她办公室一下，她找你有事儿。"

马鑫听完话，觉得你这个背后打报告心机这么重的女生，怎么还可以装无辜若无其事地向我传话，他气不打一处来，居然直接站起身，搬起自己的课桌就往教室最后面走，还大声地回了一句，"我讨厌你，我不想跟你同桌。"

把桌子在最后一排放好之后，马鑫二度摔门而去，留下哭都不敢哭的方子萌在座位上发愣。

4

第二天，马鑫没有来上课。

"我看，这事儿再简单明了不过了，肯定是方子萌爱慕人家小马哥，想上演灰姑娘逆袭富二代的童话故事，但是表白被拒，她哭着离开教室。小马哥怕她做傻事儿，发短信安慰，被老师发现上课玩手机，于是他很不爽。然后回教室的时候，又碰上方子萌再表决心，几件事的叠加使得小马哥极度厌恶方子萌，故把桌子搬走摔门而出，不想见到她，今天索性连课都不来上了。"

"哇，你的连环推理很有逻辑的呢！"

后排的姑娘们又开始碎嘴了。

方子萌的座位旁边空荡荡的，心里也空荡荡的。班主任的课下课后，班主任让男生把最后排的马鑫的桌子搬回了原处，说第一排空着显得教室很凌乱，然后老师便走了。

方子萌跟了上去，"老师，马鑫为什么没来上课？"

"他啊，八成以后都不会来了。"老师若无其事地回答。

"啊？他怎么了？"

"调皮捣蛋无心学习，上课画小人儿、玩手机、顶撞老师，逃课偷跑出校门，还有考试作弊、抄袭作业的事儿我早就知道，他这样的坏学生，来学校就是来搞破坏的，中国的应试教育不适合他。我昨晚跟他父亲通过电话了，建议他可以走自费出国这条路，无论学校怎样，回国了好歹是个海归留学生，反正他家里不差钱，供得起。"

"现在就出国吗？去哪个国家？"方子萌无比焦急。

"哪有这么快，上预科班加手续申请什么的，少说两三个月，他父亲的打算是让他去英国吧。"

5

方子萌忍不住为马鑫担心起来，作为同桌的她很清楚，马鑫这辈子最讨厌的就是英语了，如果让他去英国留学，每天都要说他最讨厌的英语，他一定不会快乐的。

可现在还有什么办法补救吗？似乎学校的老师都不喜欢他，都认为他不是读书的料，没准他的家人也是这样认为的，然后老师和家长联合起来，专权独裁地决定他的生活。想到这些，方子萌觉得，做有钱人家的小孩儿，或许也不是一件那么完美的事情。

她好想跟马鑫谈谈，想知道他自己对出国的看法，真的要出国的话，以后再也见不到了吗？抽屉里的东西也不回来拿了吗？

方子萌低头看了看马鑫的抽屉，想着如果除了书本还有比较重要的东西，可以有理由跟他联系。一个硬纸的绘画本引起了方子萌的注意，这个好像就是马鑫上课总鼓捣的那个漫画本。她小心翼翼地把本子翻开，哇！这不是简单地画着玩的漫画，居然是连环画，每一页都像在书店买的一样，画好了工整的画框，人物很传神，对白的画框空好了位置，却没有写字，即便没有文字，也大概能看出，这画的是一个少年离家寻找某个神秘地方的一路奇遇，大概画了十几页，似乎还有故事没发生。方子萌似乎明白了马鑫出钱让她帮忙做作业的出发点，有人帮他写作业的话，他就能用更多的时间来画画了。

6

方子萌突然好想给马鑫打电话。当她站起身，正打算去找跟马鑫玩得不错的男孩刘涛要马鑫的手机号码时，上课铃响了，她只好又坐回了原位。

整节课她都心神不宁，想着回家跟马鑫打电话的话，说些什么好。说自己错了？可是似乎也没做错什么，劝他来学校？可他会不会本来就不想来学校呢？再或者，他接电话的时候，一听是自己的声音，就赶忙挂掉……

"方子萌，你来翻译一下这一段。"英语老师的话把方子萌的思绪从千里之外拉回来。

平日上课无比认真的方子萌，头一次完全不在状态，她站起来，任何头绪都没有，因为没什么朋友，在她不知道要翻译的是哪一段文章的时候，没有一个人小声提醒她，她愣愣地站着，什么话也没说。

"坐下吧，以后上课集中注意力。"老师的目光似乎有些失望，毕竟方子萌可是班上成绩最好的学生。

后面半节课，方子萌脸通红，愧疚又尴尬的她脑子乱糟糟的。

终于下课了，似乎她从来没有如此期盼下课铃声的响起，想到自己这奇怪的心态，她自嘲道，想不到自己也跟平日里看不惯的那些学生想法一样了，呵呵。

她找刘涛要到了马鑫的电话，这还是她头一回跟刘涛说话呢。

7

方子萌快步走回家，为的就是赶在父母下班前用座机给马鑫打个电话，那些要问的问题，已经在肚子里打了好几遍草稿，不会出现尴尬画面的。她按完了最后一个数字后，她呆了——"您拨打的电话已关机……"

实在是太想知道马鑫现在的情况，想知道他对于出国的想法。方子萌居然拨通了班主任的电话，让班主任把马鑫爸爸的号码告诉她。班主任虽然疑惑，还是把号码给了她，问她为什么要，她说他是我的好朋友，我想帮帮他。

"喂！"

"叔叔您好，我是马鑫的同桌，他手机关机了，我找他有事儿，能让马鑫接电话吗？"

"哦，你是方子萌吧，我知道你的，他手机被我没收了，我把电话递给他，你等等。"

没收？听起来事情好严重的样子，方子萌甚至能想象到马鑫被软禁在家中学英语苦不堪言的样子，宫廷剧的老套情节在她脑海中上演。

"喂，什么事！"马鑫的声音无比不耐烦。

"哦，我……你去英国啊……你的漫画……还回来吗……"打好的腹稿到嘴巴却怎么都理不清了，方子萌尴尬地胡言乱语着。

"你在说什么？没事的话，你可以挂了。"

"不，不！我想说，你那么讨厌学英语，就不要勉强去英国了，留下来吧。我不会帮你写作业，但我可以辅导你，留下来，好好学习，高考还有好久呢，一切都来得及。"

"谁要你辅导，我最讨厌的不是英语，是打小报告的人！我这么惨还不是你跟老师说的，现在话都说完了吧？那我挂了，我不想跟你多费口舌。"

"我……我什么都没说过，老师不是傻子，很多事她心里都清楚的。既然你不想跟我说话，那我就不再说什么了，你是我在这个班最好的也是唯一的朋友，我不希望你被勉强着去做不快乐的事情，再见。"

说出再见这两个字时，方子萌很伤感，似乎，电话那头的人，也要随着这两个字消失不见了。

8

隔天，方子萌肿着眼睛来到学校，一晚都没睡好，都不知道自己错在哪里就失去了班上最好的朋友，她责怪着自己做人的失败。

来到教室，她呆了——马鑫回来了！而且就坐在自己旁边的座位上！

"你是来拿你的漫画本的吗？"方子萌弱弱地说，声音很小，因为昨天马鑫告诉她不想再听到她说话，她怕自己再次激怒马鑫。

"不是，我……我是回来上课的。"马鑫语气很平静，没有任何厌恶的感觉。

"家里同意你回来上课了？不去英国了？真好！"方子萌肿着的眼睛笑眯成一条线。

"嗯，我自己要回来的话，他们拦不住我，可是……"

"可是什么？"

"可是，我爸让我高考前不再碰画笔。"马鑫顿了顿，"他知道我喜欢画漫画，在这上面花费了很多时间，无心读书。"

"嗯，他说的对，兴趣这种东西，可以暂时放一放，高考是目前最重要的事。"

"这不是兴趣，这是梦想！梦想是无论如何都不能放下的！"

头一次看马鑫说话如此认真，方子萌被"梦想"二字吓得不知道说什么好。她突然无比羡慕马鑫，因为他有梦想，而自己，都不知道自己的梦想究竟是什么。对自己而言，与其说考上好大学是梦想，不如说这是父母的梦想，那考上大学之后呢？找个好工作的梦想？赚很多钱的梦想？想想都觉得可怕，这样的梦想，太过功利。

"或许，可以有一个方式让你在梦想和现实间平衡。"方子萌好想帮他，在努力想办法。

"什么方式？"

"参加艺术联考！"

"这……来不及了，我课业成绩本来就差，参加艺术联考的话，需要进行专业系统的学习，我没有那么多时间，也无法两边兼顾。"马鑫在自己擅长的事情上，也没有了自信。

"你好好学你的画就是了，课业这边，我可以帮你啊！你也说过的，反正我喜欢学习，上课做笔记，多做一份没有问题，你不用学画画的时候，我可以帮你辅导功课。"

"真的吗？那耽误你那么多时间，我怎么回报你？"

"交朋友不是条件的交换，而是真心的交换，这是我拒绝帮你写作业的那天，心理老师告诉我的。我不需要你的任何回报，你是我在这个班上，唯一的，也是最好的朋友。"

马鑫被方子萌的话语感动了，自己跟她做同桌的出发点，仅仅是因为她成绩好，多少有些利用的心理，而后来想花钱请她帮忙写作业的可笑举动，更是满脑子的钱物交换，还有各种的误会与看不起，自己真的太过分了些，简直想把自己揍一顿。

"谢谢。"有很多话想说，最终只是吐出这两个字。马鑫很少说谢谢，他曾经觉得他拥有的一切都是理所应当的，现在他知道，对于这段友谊，他必须要懂得感恩。

9

马鑫与方子萌的和好，让后排的八卦女们大跌眼镜，灰姑娘的阴谋论不攻自破，八卦女简直觉得自己的福尔摩斯推理生涯遭到了致命的冲击。

马鑫参加艺术联考的提议得到了父亲的批准，他开始每周奔波于学校和美术机构之间，不迟到不抱怨，晚上还为学习搞到很晚，父亲从来没有看见过他如此认真地对待一件事情。

方子萌的笔记做得非常详细，拿着她的笔记对照课本，简直都可以不用去教室上课在家自学了，马鑫连连称赞她的字漂亮。"子萌，你就送佛送到西，再帮我一个忙吧，我的漫画集画完了，有二十页呢，对话框都空着，因为我的字不好看，我把列好的对话给你，你帮我誊抄上去好吗？"

"当然可以啊，为那么好看的漫画配字是我的荣幸呢。"方子萌笑着说。

"你先把漫画和对话拿去，高考完再誊也不急，高考快来了，怕不怕？"

"不怕，我等这一天等了好多年了，迎它还来不及呢。"

"呵呵，不怕就好，那我祝你下次光临。"说完马鑫坏笑起来。

"谢谢！"方子萌突然反应过来，"下次光临？你居然咒我复读……看我不揍死你！"

10

在笑声和汗水中，高考这位大客人，终于光临了。

马鑫如愿以偿地考入了美术学院的动漫专业，方子萌更是考出了这种普通班级学生的历史最好水平，让父母十分满意。班主任也在办公室夸这俩学生争气，笑称他们是班上的金童玉女。

方子萌给马鑫打去电话，两人互相祝贺寒暄了一番，子萌说："你漫画集的文字，我全部工整地写好了，我看了几遍，真的好喜欢呢，什么时候给你？"

"不用给我了，这本来就是打算送给你的。"

"啊？这么贵重，我可不能收。"方子萌惊呆了。

"你一定要收下。像你说的，你喜欢读书，愿意为好朋友做笔记，我喜欢画画，也愿意为好朋友画一本漫画。你居然是我最好的朋友，真是想不到。"马鑫笑了笑。

"想不到什么？"方子萌赶紧问。

"想不到，我这种臭名昭著的坏学生能跟你这种好学生成为最好的朋友。"

"学生从来就没有好坏之分啊，坏的是那些有色的眼镜。"

055

我在原地拥抱你的背影

米园塔塔

1

在机场的人群中，我一眼就认出了樊嘉宁，他瘦了些，黑了些，我知道，他也一眼就认出了我。

他径直走过来，无视我身边的周然，给了我一个大大的拥抱，说："嘿，最近好吗？"

"不能再好了。"我轻轻推开樊嘉宁，我知道，周然一定气坏了。

樊嘉宁把我从头到脚打量了一番，说："丫头变漂亮了。"

周然抱住我的肩膀笑着说："那还用说，小乐可是我们系的系花。"

樊嘉宁这才转过头看着周然，说："你是周然吧，小乐跟我提过你。"然后不满地拍着肚子冲我嚷："不是要给我接风嘛，我要饿死了！"

一路上樊嘉宁一直和我说说笑笑，好像周然是一团空气，周然努力维持的笑脸变得越来越难看，到了饭店不久，周然接了个电话，就借故匆匆离开了，傻子都看得出周然生气了。

周然一走，我和樊嘉宁都变得沉默起来，我玩了一会儿手里的杯子，问："你觉得怎么样？"

"什么怎么样？"樊嘉宁看着我反问。

"周然。"

"还不错。"

还不错，樊嘉宁说还不错，我心里一沉，脸上却挂出一个明朗的笑脸，说："真的吗？你第一次夸我挑男朋友的眼光啊。"

"小乐的男朋友多好都不够好，你知道，我是最希望你幸福的人。"樊嘉宁很认真地说。

我很少看见他认真的样子，我有些心慌，又有些想哭。

现在，樊嘉宁说还不错，听在我耳朵里更像是一种告别，我有种被抛弃的感觉，樊嘉宁终究是要离开我了，不管以哪一种方式。

2

我很早就知道樊嘉宁，我们两家在一个小区，我们总是很巧地同校不同班。学校里有很多女生暗恋樊嘉宁，因为樊嘉宁模样好，而且很酷，没错，大家都这么说。

樊嘉宁很安静，没有朋友，总是独来独往，在别的男生满头大汗打篮球的时候，他却在教室里眯着眼睛在草纸上画素描，或者是趴在桌子上睡觉，女生们都觉得这样的樊嘉宁很酷。

每当我听见有女生这样说的时候，我就会在心里嘲笑她肤浅。我觉得只有我知道，樊嘉宁为什么会这个样子。

我和樊嘉宁第一次说话是在初三那年的夏天，在那之前，我根本不确定樊嘉宁是否认识我。那天半夜，我爸爸又喝醉了回来，和妈妈大吵了起来，我偷偷溜到楼下躲清净，我蹲在路灯下用手指抠着花坛里的泥土，过了一会儿，我听见有人走了过来，我抬起头，就看见了樊嘉宁，路灯下，樊嘉宁棱角分明的脸变得柔和起来，他问我："你叫查小乐吧？"

我有些慌张，没有说话，樊嘉宁继续说："我知道你，五单元的查家。"恍惚中我好像看见樊嘉宁笑了。

我站起来，把沾着泥土的手放到身后，说："我也知道你，四单元的樊家。"

樊嘉宁打了个哈欠说："我爸又要离家出走了。"

我说："我爸爸刚喝醉了回来。"

樊嘉宁冷笑几声说："真可笑。"

接下来，我和樊嘉宁待在那里，谁也没有再说话。

小区里应该有很多人都知道我们两家。

我爸爸总是酗酒，一喝醉就和我妈妈大打出手，打得严重的时候，警察也来过，时间久了，邻居们也不再劝架了，我看得出大家看我的眼神里都充满了同情，忘了从什么时候开始，每当他们吵架，我就会偷偷溜下来，等到估计没事的时候再溜回去。可笑的是，他们两个根本没发现我离家出走过。

樊嘉宁的爸爸是个画家，和妻子感情不和，樊妈妈又不肯离婚，所以樊嘉宁的爸爸每次在家待几天就会离家出走，一走就是小半年，每次要离开的时候，樊嘉宁的妈妈就会要死要活地大闹一场。

后来，樊嘉宁告诉我："当我妈站在阳台上声嘶力竭地威胁着我爸要跳楼的时候，我爸什么都没说，拿起包就转身走了。我冲上去拉住我妈的时候，心里特别不明白，为什么一个非要离开？一个非要留下来？为什么爱会变成这个样子？你明白吗，小乐？"

我轻轻摇了摇头。

樊嘉宁轻轻把我拥入怀里，在我耳边说："其实有些事，永远不要明白比较好。"

在我第三次走神的时候，周然把手里的杯子使劲儿摔在了地上，那是周然买的情侣杯，他说希望可以和我一辈子在一起，现在那个淡蓝色的杯子静静地躺在地上，碎成了几块，对面的周然一脸的愤怒，还有疲惫。

"我不想再这样自欺欺人了，你不喜欢我，我知道，但你可不可以假装得像一点儿！"周然冲着我喊。

我什么蹩脚的解释都说不出来，只是哭着说对不起，真的对不起。

今天，我去宾馆找樊嘉宁，发现他已经退了房，不知道去了哪里，这早已经不是第一次樊嘉宁消失不见，但我还是没有办法习惯，我无法克制的失神，终于惹恼了周然。

我知道自己不对，可我的心里对周然除了愧疚再无其他，我可以对他说一万句对不起，却说不出一句我爱你。

周然拉起我的手，说："小乐，每次我们在一起，即使你就在我对面，即使我拉着你的手，我还是觉得你离我那么远。"

我看着周然离开的背影，捂着嘴不让自己哭出声音来，这一刻，我突然很恨樊嘉宁，很恨我自己，如果没有樊嘉宁，我恐怕早已经喜欢上了真正爱我的人了，但是，有时候，一颗心真的换不回另一颗心。

周然换不回我的心，就像我换不回樊嘉宁的心。

4

从那个晚上的偶遇开始，我和樊嘉宁成了朋友，樊嘉宁对我的好是我以前从不敢想象的，每天他都会等着我一起上下学，会在我父母吵架的时候陪着我，会给我画很多美丽的图片，喜欢上樊嘉宁是一件太容易不过的事情。

如果你是路边无人关心的野草，如果有一天，有一个人突然出现，为你遮风挡雨，浇水施肥，你会不会爱上这个人？我会，我会用生命去爱他。

但是这个人是真的喜欢这棵小草，还是只是可怜她？我真的很想知道，我很希望樊嘉宁喜欢我，但不幸的是，答案是后者。

因为后来，樊嘉宁喜欢上一个叫章若的女生。

我一直觉得樊嘉宁很难喜欢上什么人，他天生没有安全感，总害怕付出却被辜负，害怕得到的终会失去。直到他遇到了章若。

章若是樊嘉宁的高中同学。

她是一个让任何人都没办法抗拒和讨厌的女生，她像一个小太阳，有着灿烂的笑脸，她家庭条件优越，永远一副不知人间疾苦的样子。

如果，可以选择，我也很想长在那样的家庭，生成漂亮的样子，笑出那么美的弧度，而不是像现在这样，内向寡言，笑起来，自己都觉得别扭。

于是，我就这样静静地陪在樊嘉宁的身边，看着他一点一点爱上另一个女孩儿。

樊嘉宁，你知不知道，这是世界上最残忍的事情。

5

樊嘉宁和章若交往了。

我很难过，看起来却也是一如平常的模样，本来我也就是不爱说话，有些阴郁，只不过发愣的时候更多了些。

那天，我和樊嘉宁、章若在一起，他们两个说笑着，我在一旁发呆，章若看着我打趣说："小乐是不是有喜欢的人啊，最近怎么总在发呆啊？"说完伸出手在我面前晃。

樊嘉宁不屑道："怎么可能，她有喜欢的人我会不知道？"

我心中突然蹿来一股无名火，我冲樊嘉宁嚷道："我有喜欢的人为什么要告诉你！"说完，我就起身离开了。

可我在转身的一瞬间就后悔了，不管怎样，我还是希望樊嘉宁可以陪着我，我这样无理取闹，樊嘉宁正好就可以顺理成章地甩开我这个大电灯泡了。

晚上，我正心不在焉地写作业，听见有人敲窗户，我家住在一楼，樊嘉宁有事找我就会敲我卧室的窗户。

我拉开窗，樊嘉宁站在窗外黑着脸说："明天把那家伙指给我看看。"说完就走了。

我心里既开心又担忧，我开心樊嘉宁没有不理我，我担忧明天我指谁给他看比较好，我就这样辗转反侧了一宿没睡好。

第二天，我顶着熊猫眼被樊嘉宁"押解"到操场上，我随便伸手一指说："就那个。"

"哪个？"

"就是，就是穿红衣服那个。"

"咱们校服不都是红的吗？！"

"胖胖的那个，就那个粉帽子绿围巾很个性的那个。"

樊嘉宁瞪了我一眼说："查小乐，你眼睛有毛病啊。"接着又恐吓我了一句："你再喜欢他试试。"

接下来的一个星期，樊嘉宁都拿那个小胖子教训我眼光不好，章若在旁边笑着劝说："小乐喜欢就好了，胖子都实在嘛。"

樊嘉宁一点儿也没笑，严厉地说："查小乐，眼神不好，智商也不高，很容易被骗啊。我必须替她把关。"

章若脸上的笑一瞬间有些不自然，但只一瞬间，就又恢复了灿烂的笑颜，说："我和嘉宁一起替你把关。"

我突然有些庆幸，庆幸自己不喜欢笑，总是这幅麻木的样子，这样别人就看不出来我有多难过，我有多不自然。

从那之后，我交往的每个男朋友都会带给樊嘉宁看，因为我想听他的意见，他的种种不满意，听在我的耳朵里更像是一种挽留。

6

我在高中时最大的愿望，就是可以和樊嘉宁考上同一所大学，我对樊嘉宁已经是无法自拔地依赖，每当父母吵架，樊嘉宁半夜陪着我在路灯下抠泥巴时，我都会有一种相依为命的感觉。

樊嘉宁的成绩很好，我拼了命地学却也只是个中等生，章若更是学渣一枚，每次章若担心将来没有办法和樊嘉宁上同一所大学的时候，樊嘉宁就会拍拍章若的头说："没关系，我可以去差一些的大学啊。"

说不羡慕是假的，可如果换了我，我又怎么舍得樊嘉宁为了我放弃更好的前程。所以我只能默默地努力让自己可以离樊嘉宁近一点儿，再近一点儿。

不过我没想到的是，我永远不可能和樊嘉宁上同一所大学，因为樊嘉宁高考的时候交了白卷。高考前的几个月，樊嘉宁和章若大吵了一架，那是他们第一次吵架，也是最后一次吵架，因为章若的爸爸要送章若去英国留学，章若没有和樊嘉宁商量就同意了，樊嘉宁知道后大发雷霆。

最后樊嘉宁说："如果你要出国，那我们就分手。"

章若终究是舍不得樊嘉宁，再也没有提出国的事情，但她也没有说要陪樊嘉宁留在国内。

那段时间，樊嘉宁常常会在半夜敲我的窗户，我就会溜出去陪他，樊嘉宁总是很少说话，只是一个劲儿地抽烟，我在一旁装模作样地拿着课本背题。

一天晚上，樊嘉宁又来找我，不过这天的樊嘉宁看上去好像心情还不错，他没有抽烟，坐在旁边专心致志地看我背课文，我有些慌张，虽然嘴上背着李白的《蜀道难》，可我根本不知道自己在背什么。

樊嘉宁忍不住笑了，说："小乐，'蜀道难'这三个字你已经背了十几遍了，能换一句吗？"

幸好是晚上，不然樊嘉宁一定会看到我脸红。

樊嘉宁接着说："我今天在章若的包里看见了她的护照。"

"那你为什么看上去一点儿都不难过？"我奇怪地问。

"你一直担心的事情终于发生的时候，你反而就不害怕了，因为最糟糕也不过如此。而且，我还有你啊。"樊嘉宁伸手揉揉我的头发，又问，"小乐，你永远不会离开我吧？"

我信誓旦旦地答："我永远都不会离开你。"

樊嘉宁的眼睛在路灯下熠熠生辉，温柔地看向我，我突然觉得好难过，感觉樊嘉宁好像在我们之间筑了一道墙，一道玻璃墙。我明明看得见他，明明离得很近，却永远走不到他身旁。

7

樊嘉宁和章若终于和平分手，樊嘉宁并没有特别悲伤，至少我没有看出来，他和平时一样地上学放学，做功课，画素描，我以为一切已经风平浪静，可是命运却像泄了闸的洪水，出其不意地将我们冲得遍体鳞伤。

高考前的两个星期，樊嘉宁的妈妈自杀了。

那天，樊嘉宁的爸爸又要离开，樊嘉宁的妈妈故戏重演，站在阳台上要跳楼，这次樊嘉宁没有在家，没有人会拉住她，当樊嘉宁的爸爸走到楼下，就看见了妻子支离破碎的身体静静地躺在地上，这个悲哀的女人就用这种决绝的方法终于留下了自己的丈夫。

有人说她是一时失足，有人说她不堪重负，只有樊嘉宁一言不发地帮着爸爸打理丧事。

我高考结束后的第一件事，就是去找樊嘉宁，樊嘉宁的家门没有锁，我推开门走进去，房子里空空荡荡，只剩下几件家具，樊嘉宁埋着头，缩在墙角里。

我走过去推推他，樊嘉宁抬起头看我，我惊讶地发现樊嘉宁满脸都是泪水。

我急得都快哭了，"樊嘉宁你怎么了？你别吓我啊。"

樊嘉宁只是不住地说："小乐，他们都走了，都不要我了，我好难过，心好疼。"

我把樊嘉宁抱在怀里，陪着他流眼泪，我说："没关系，没关系，我永远在这儿。"

等我再见到樊嘉宁的时候，樊嘉宁又恢复了以往的样子，好像那天哭泣的樊嘉宁只是我的错觉，可我知道樊嘉宁不会再和以前一样了。

樊嘉宁跟我说了很多话，断断续续，想起什么就说什么，他说："小乐，你是不是很失望，其实真实的我很脆弱，并且不堪一击。

"章若走的那天，我去机场求她留下来，可她还是走了，我爸爸也离开了，他说他没有办法留在这里，总是会想起妈妈。

"我觉得我身上好像有一个魔咒，我爱的人都会离开我。小乐，我想知道他们为什么要离开，所以我也要离开。"

樊嘉宁还说了好多好多，最后樊嘉宁轻轻把我拥入怀里，在我耳边说："其实有些事，永远不要明白比较好。"

现在回想，这是樊嘉宁和我之间最算得上告别的告别。

第二天，樊嘉宁就消失不见了，没有人知道他去了哪里，我发疯一样地到处找他，可是一点儿消息都没有。

那个暑假，我经常整夜整夜地失眠，我总是幻听，以为樊嘉宁在敲我的窗户，我一遍一遍地下床走到窗前张望，每一次又会失望。

8

上了大学之后，我意外地收到了樊嘉宁寄来的明信片，他去了很多地方，他说他很喜欢现在的生活，以前都是别人在他的生命里匆匆而过，现在自己也成了一名匆匆的过客。

偶尔，樊嘉宁也会来看我，然后再不打招呼地离开，樊嘉宁在明信片上跟我道歉说，他不喜欢道别，也不喜欢说再见，他经历过太多的离别，不想再多了。

和周然分手后，我感觉有些疲惫，这么多年来，我一直傻傻地守在原地，半步都不敢离开，怕的就是樊嘉宁回来找不到我，可他离开的时候就像他爸爸一样决绝，不曾回过头来看我一眼。

我有时候会突然想打电话告诉樊嘉宁不要再回来找我，我不想再等你了，不要给我写信，也不要再联络。可我又会想起我对樊嘉宁说过我永远都不会离开你。我不能背弃他，我不忍心。我就像走进了一条死胡同，在里面怎么都出不来。我的失眠变得越来越严重，头发大把大把掉得厉害，饭吃得很少，身体变得虚弱不堪。

周然忍不住来找我，非要带我去医院，我不想去，周然把我拉到镜子前，生气地说："查小乐，你看看你现在是什么样子！"

看着镜子，我一下子感到陌生，里面的那个女孩儿脸色苍白，眼圈发黑，身体瘦弱的好像一阵风就能吹倒。

我跟周然说："去医院也没有用啊，我不是身体生病了，是这里病了。"我指着胸口说："我的心病了。"

那天晚上，樊嘉宁给我打了电话，像他第一次离开那样，说了很多话，没有逻辑，断断续续。

樊嘉宁说："小乐，你生病了，为什么不告诉我？如果不是今天周然给我打电话，你还想瞒我多久？

"小乐，我一直知道你喜欢我，可我不敢喜欢你，因为得到就是失去的开始，这么多年来，我一直都很自私，我很害怕失去你。

"章若和你和我都不同，她总是那么快乐，让我不自觉得想要靠近。

"我不会再联系你了，你不用为我担心，我很好。

　　"我说过，一直担心的事情终于发生的时候，就不会觉得害怕了，可是现在，我还是很怕。"

　　我忘记我说了什么，不记得自己有没有说一句再见，挂了电话，我突然觉得好困好困，好想睡一觉。

　　于是我就沉沉地睡去了，醒来的时候是在医院里，我因为长期的睡眠不足和营养不良晕倒了，周然守在我的身边，看见我醒了，周然脸上有了一点儿笑意，问我感觉怎么样？

　　虽然身上没有多少力气，但是我脑子里却是前所未有的清醒，我说："我好像做了一个梦。"

　　周然饶有兴趣地问我："什么梦？"

　　我想了想，握住周然的手说："忘记了。"

　　其实，我记得很清楚，在梦里，有一个女孩儿，站在温暖的路灯下，静静拥抱着男孩儿离开的背影。

让我拥抱这个夏天

　　那个晚上安七睡得很不安稳，一直有梦魇纠缠着她。一下子是回到小时候看到母亲和父亲争吵，父亲一怒之下砸掉了整张饭桌，碎掉的饭碗扎伤了她的脚底；又好像梦见母亲温柔抚着肚子对她说着话，她还没听懂母亲的话语，场景又换到了医院，她父亲狠狠抬手扇了她一巴掌，她在梦里好像叫了妈妈救我，又好像没有……梦境零零碎碎，拼凑不成一幅完整的画面。最后让她惊醒的是突然看到有人向她靠近，一双沉默的眼睛在黑暗中散发着幽幽的光，她来不及尖叫，就从床上坐了起来。

让我拥抱这个夏天

陌忆

1

安七摔门而出时，一场暴雨刚好停了，可空气里依然有炙热的气体在流转。

脸上火辣辣地疼，安七忍不住骂了句粗话，死死盯着紧闭的家门，忽然弯腰从地上捡起一块石头，放在手里掂了掂重量，然后用力往二楼的阳台一抛。石头划出一道完美的抛物线，"哗啦"一声，阳台玻璃窗的玻璃应声而落。

"哈。"安七颇为得意地吹了个口哨，正想破罐子摔碎再扔一块石头时，房门突然被打开，一个女人披头散发怒气冲冲地拿着一只拖鞋跑出来。安七见状，脸色一变，急忙丢了手上的石头撒腿就跑。

开玩笑，刚被打了一巴掌，嘴角都破了，要是再被那拖鞋打一顿，估计明天都不用上学了。

"死贱人，你有胆就别跑，偷了家里的钱还敢理直气壮地砸家里的玻璃，你今天敢回来看我不打断你的狗腿……"女人的声音极大，路人纷纷侧目，小声议论着，可能都把她当成疯子了。

安七听着身后女人气急败坏的声音，心情变得有些愉悦。这种场面不知上演几回了。不管有没有吃亏，只要能把那女人气得直跳脚，安七就觉得被打被骂什么的都值了。

尽管她是她母亲，血浓于水的亲妈。

安七晃悠悠地走在路边，有些许擦肩而过的陌生人对她行注目礼，表情或好奇或嘲讽。不过这对她来说都造不成什么影响，她也懒得回视他们。毕竟如果现在路上出现一个头发纷乱，左脸肿红，身着一件肥大的加菲猫卡通衬衫，趿拉着一只人字拖的女孩儿，她也会目不转睛直盯着那人看的，说不定还会嘲笑一个女孩儿怎能以如此丢人现眼的形象出现在车水马龙的街道上。

安七从来就是个没心没肺的人。不仅家里的那个女人这样认为，她也常常这样想自己。

刚下一场暴雨，气温没降反而变得闷热起来。南方的夏天就是这样，暴雨过后没一会儿太阳就会马不停蹄地出来露面，就像个还没定性的孩子，有些过分地无理取闹。

"同学，你的钱！"

"……"

"同学，你掉钱了。"夏一朝着正前面的女生喊了几声，可是那个女生连脚步都不曾慢下来，反而越走越快。他的声音有那么小吗？有些路人闻言都转身了好吧。

夏一想就做回好人吧。于是快步跟上去，一手搭在女孩儿肩上，又重复道："同学，你掉钱了！"

本来安七还在想要去哪里消磨这无聊的一天，突然被个人搭上肩膀，于是神经反射霍地一转身，差点儿就与夏一相撞。

"你是没长眼睛吗？这么一大人在你前面走着呢，走那么快你是要怎样？赶着投胎去呀……你……"安七本来就有怨气的，来一个撞上枪口的，也只能可怜他刚好当了炮灰。

"同学，我只是想跟你说，这钱是你掉的！"夏一语气有些无奈，扬了扬手上的两张粉红色人民币。

"钱……"安七这才停住唠叨，右手往裤兜一揣。呃，原来破了个洞，手指头有些滑稽地露了出来。

安七和夏一对望一眼，男生默默把头转向一边，很体贴地假装没看见。

安七以迅雷不及掩耳之势把他手中的钱抽回，转身走人。

夏一看到安七有些落荒而逃的背影，低头笑了笑，而后又喊住她：**"同学，你是A中的学生吧？我认识你。"**

安七觉得这次真是丢脸丢到姥姥家去了，回头瞪了男生一眼转身就跑。

不过这一天安七出门应该忘了看皇历。她因为只穿一只鞋，又跑得太快，结果绊倒了，鞋子落在了后面。安七不禁捶地痛斥老天弄人哪，低着头把鞋子捡起，转头刚好看到男孩儿还站在原地，距离有些远，只能看到一个模糊的轮廓，也许是因为雨后光线的问题，安七觉得从正面看去男生的身后好像有一团橘黄色的光圈慢慢晕开。

夏一一直站在原地，直到安七的身影变成一个小黑点儿消失在街道的拐角处，他还是保持着原来的姿态。

他知道那个叫安七的女孩儿，可是安七却不认识他！明明是同班同学呢。

2

今早一到校，同桌莫然拉着安七的手兴奋地喊道："喂喂，你昨晚是怎么进家门的？"

安七特鄙视地看了她一眼，打了个哈欠，"如果不是我们相处了那么多年，就你这神情这语气，我肯定说你是来幸灾乐祸的，看我死了没？"

莫然嘿嘿笑，又凑近她，大大的眼睛眨呀眨，语气迅速变得哀怨起来，"人家还不是为你担忧吗？又不能把这种担心溢于言表。不是说雌性动物都是口是心非的吗？哎哟，难道还要我说那些甜蜜蜜的话吗？快说快说快说啦……"

安七翻了几个白眼给她，又抖掉身上的几层鸡皮疙瘩，"还能怎样？只能半夜三更顺着家里的那根水管爬上二楼呗。也幸亏那一楼的玻璃被我砸掉了，不然我得露宿街头。"她没告诉莫然，其实她爬进去时那女人正站在阳台上目不转睛地看着她，月光打在她脸上有一种说不出的诡异。幸亏她定力够强，不然她不保证她会不会被吓到摔到一楼。她以为又会被揍，不过让她惊讶的是，那女人只是看了看她，一言不发便离开了。

"傻瓜，你不会来找我吗？"莫然突然抱住她，声音有些哽咽，"你这样硬撑着有什么好处？迟早得被你那么一点儿死自尊心给害死。"

"喂，莫然同学，思维活跃也不带像你这么跳跃的，你还是让我恶心一点儿吧，别跟我打温情牌，我招架不住呀！"安七好笑地拍了拍好友莫然的头，幸好身边有这么一位损友。

"真是块臭木头。"莫然愤愤然，作势要来掐她，安七先一步抓住她的软肋，搔痒痒。

夏一一进教室门就看到两个扭打成一团的女生。刚好看到安七笑起来嘴角有个深深的酒窝，脸颊也被从窗口洒进来的阳光照得红扑扑的，有点儿可爱，还有点儿调皮。很少能看她笑得那么开心。

莫然第一个发现了站在门口的夏一，扯了扯安七的袖子，"形象，注意你的形象。"

安七撇嘴，抬头望向教室门口。愣了愣。

这世界果真小呀。这男生，不就是昨天那个捡到她钱看到她的糗样又被她莫名其妙发了一通脾气的男生吗？难道他们是同班同学，为什么她半点儿印象都没有。

这样想着，男生已经在她的桌前站定，男生只是从包里拿出一瓶药膏，说："这是治皮外伤的，很有效，女孩儿都不愿意留疤痕的。"

他朝前走了几步，安七看到他的球鞋停在离她几步远的地方，"还有，我叫夏一。"

安七是真愣了，不是在拍什么电影吧？是不是有人在某个角落藏了摄像头整他们玩儿的？

莫然也很好奇，这两人平时都没交集的。夏一她就不清楚了，不过安七这木头怎么想也不会和男生有半点儿关联呀。

"有猫腻哦……"莫然特意把"哦"字音拖长，"老实交代，你是不是背着我在外头勾三搭四，你对得起我们这些年的伉俪情深吗？"

安七被"伉俪"这两字雷倒，而莫然的音量又没控制好，于是相隔她们有几行座位的某个男生嘴角不由自主地抽了抽。

有这样一块活宝在身边，任谁都无法淡定吧。

"喂，你不会想让许远看到这一幕吧？"安七抛出了撒手锏。

果然，"许远"二字是莫然的死穴，她安静了下来，不过还是不死心地拉着她问夏一的事。

安七总不能把他们的遇见和盘托出吧。说不定这小妮子又来一句什么"有缘千里来相会""千里姻缘一线牵"……

"我们的遇见？"安七想，多让人浮想联翩的一句话。

不过想象总是太过美好。

安七转头，男生和她们隔了五张桌子。此时他正在翻书，不知道为什么隔那么远，她好像都能看到他翻书时修长的手指。

她又轻轻握住那瓶药膏，虽然她不知道他为什么对她这么关心，不过，又有个人对她好，她该觉得满足和感恩的吧。

毕竟她是那么渴望有一些人在她背后默默支撑她，等到有一天她累了，哭了，害怕了，还能有个依靠，让她回头，不至于撞到头破血流还硬把泪水当成米饭咽，一个劲儿地只能往前冲。

下课时安七从书里抽出了两百块钱，今天是交资料费的最后一天，昨天她就是在床头柜拿两百块钱时被那女人发现才被打的。

她还记得那女人说不准她继续在学校待下去时恶狠狠的模样。嗤，想把她绑得紧紧的困在家里被她折磨吗？真好笑，她偏偏要努力读，往死里读，总有一天她要离开这里，离开那个女人。

有哪对母女相处成这样真是奇葩。母不慈，女不孝，罪孽啊。

班主任似乎了解她家里的一点儿状况，不过也以为是家里穷不让她读书而已，毕竟，安七在学校的表现就如普通学生一般，虽然和同学的相处不是那么热络。

班主任把钱放在抽屉里，然后拍了拍她的肩膀，对她说了句"好好照顾自己"就让她走了。

安七点头想说句谢谢，不知道为什么会突然哽咽，她就是这样，被人冷漠久了，见不得别人对她好。

073

出办公室门时看到夏一，在门口他朝她微微一笑，她对他点了一下头，然后就看到夏一站在班主任面前不知在说什么。

"嘿。"莫然扮了个鬼脸，"看什么这么入神呢？叫你那么久都没不理我。"

安七微怔，碰了碰自己的右耳，扯住莫然就往教室走。

"刚才那个是夏一吧，他也是今天才交钱，班主任催他好久了呢。都两次没交了……"莫然念叨着。

"原来都是一样的。"安七嘀咕道，"都是一样在现实与梦想边缘苦苦挣扎的人。"

好像就这样慢慢留意起一个人。

知道他也喜欢一个人独来独往，会跑去操场，不过不会和男生们一起打篮球，而是一个人围着操场的轨道一圈一圈地跑，有时跑累了就直接倒在草地上。安七不知道青春期的男生看起来是不是都是那样高高瘦瘦的，只是夏一实在太瘦了，她看他在操场迎风跑时都唯恐他会被风吹走，可能一不小心就会飞远，不见了。

他们也鲜少说话，不过又好像总会遇见。早上会在等红灯时看见他骑着自行车站在旁边，互相打个招呼后他先走，她看他的背影，看他的校服被风吹起一个大大的弧度。有一次他问她要不要载她一起去，她摇头，于是他就陪她一起步行；在食堂吃饭都是他帮她打的，因为他又高又瘦，有时挤一挤就到前面了，速度也快；或者会一起待在教室里做题直到值日生来关门才离开。

莫然说："要不是看你们平时都不怎么搭话，不知道多少人以为你们是情侣呢。不过夏一看起来虽然有些闷骚，但是长得蛮好的，而且对你也挺不错的，要不你们在一起得了。"

安七似笑非笑地盯着她，"你以为我不知道你心里打什么算盘呀？你不就是占着夏一又高又瘦，可以挤到前面帮你打份肉多点儿的饭盒。为了一顿饭就准备把我推销出去，你也好意思说'伉俪情深'？！"

莫然被猜中心思，眼睛咕溜咕溜地转，假装没听见。

安七其实有时挺羡慕莫然的，可能是她有个幸福的家庭吧，让她可以做个无忧无虑的女孩儿，笑起来如阳光般的温暖，这也许是她为什么会那么靠近她的原因之一，因为安七想，如果爱她的人幸福了，那么她也会慢慢幸福的。一点儿，哪怕一点点也好。

有天放学后夏一和安七两人照例一起待在教室做题，安七在从笔袋往出拿笔时刚好看到那瓶药膏，她轻轻摩挲着药膏瓶身，嘴角勾起一丝小小的弧度，又悄悄叹了口气，站起身，往夏一的座位走去。

夏一正在做几何题，或许是他认真的缘故，也许是她脚步轻的关系，走到他桌边他都没发觉。他一直低敛着眼，在草稿纸上写写画画，长长的睫毛在他的脸上落下淡淡的阴影。

"你的药膏，还没开封，因为那次摔倒并没伤到哪里，谢谢。"安七其实一早就想还给他了，只是有时也会自私地想贪恋那种被关心的感觉，只是这始终不是她的，她明白得不是太晚。

夏一这才抬眼，女孩儿嘴唇微抿。有些倔强，也有些孩子气。

"为什么要还给我？留着以后用也可以的。"夏一说。

"不用了。"安七拒绝道。

"怕我是因为可怜你才送给你的吗？还是……"夏一背靠椅微微向后仰，安七齐肩的碎发遮住了她的脸庞，全身都散发着一种疏离感，他不知道心里怎么会慢慢泛起一股苦涩，"还是你觉得我明明和你一样，连资料费都交不起，有什么资格来同情你？"

安七猛地看向夏一。是吗？他原来是这样想的。也许吧，可是又觉得哪里不正确。

"安七，"夏一说道，"你要多点儿自信，多点儿信任，去相信别人会喜欢你。世上可怜的人有那么多，而我们能这样面对面交谈，纵然不美满，不也是挺好的嘛。既然这样，你又怎么会可怜？我又如何要同情？"

"不过，"夏一语锋一转，看着安七露齿一笑，"我那也是先贿赂你的，因为你数学成绩一直名列前茅，所以要向你讨教几招。"

安七微微一怔，随即莞尔。

谢谢你，夏一，谢谢你以这种方式，保护我那一点儿小小的可怜的自尊心。

4

安七刚打开家门，一个花瓶就迎面向她砸来，还好她对这种情况已经形成了条件反射，身子一偏，花瓶砸在门上，四分五裂。

"你还滚回来干什么？不是喜欢学校吗？不是喜欢读书吗？那你干吗还要回到这里？干脆死在外面好了！"女人的声音尖锐刺耳，咄咄逼人。

安七连看都没看她一眼，默默把门关上，换鞋，走到玄关处把灯打开。

"真可怜。"安七冷冷地看着灯光下，面部有些狰狞的母亲，语气讥讽，"你现在这个样子就跟个疯子一样，乱发脾气又撒泼。我想，那个男人可能早就受不了你了，而我只是做了一根导火线促使他早点儿离开而已。所以，凭什么要我赔罪这么多年？！"安七说到最后，语音不断上扬，有几分质问的意味。

女人愣在原地，安七提着书包走进房间，门刚关上，一只鞋就砸上了门板，伴随着女人有些刺骨的声音，"你逃不掉的，你背着一条人命。安七，你罪孽深重。"

女人的声音一如既往的尖锐，只是传到安七耳里只剩下淡淡的尾音，可是她还是听清楚女人的话了。

她倚在门边，抱住自己，明明是七月盛夏，不知道为什么她会觉得全身一阵阵发冷，她想哭，可是一口气哽在喉咙里，咽不下，吐不出。

是不是要死了？安七闭着眼睛倒在地板上。这样也好，顺了那女人的意，她刚好也可以解脱。是的，不管她付出什么代价，她都罪孽深重，她这种人应该早点儿死了才好。

可是，安七的眼角渐渐湿润，她想起那个总会损她却温暖她的女孩儿，想起那个明明陌生却总默默关心她的男孩儿，想起她还有好多好多未完成的事，她不想死，她舍不得。

那个晚上安七睡得很不安稳，一直有梦魇纠缠着她。一下子是回到小时候看到母亲和父亲争吵，父亲一怒之下砸掉了整张饭桌，碎掉的饭碗扎伤了她的脚底；又好像梦见母亲温柔地抚着肚子对她说着话，她还没听懂母亲的话语，场景又换到了医院，她父亲狠狠抬手扇了她一巴掌，她在梦里好像叫了妈妈救我，又好像没有……梦境零零碎碎，拼凑不成一幅完整的画面。最后让她惊醒的是突然看到有人向她靠近，一双沉默的眼睛在黑暗中散发着幽幽的光，她来不及尖叫，就从床上坐了起来。

月光刚好温柔地爬过窗棂落在她的被子上，她刚想松口气，就看到女人站在床边，静静地看着她，安七借着月光看清她的脸，不悲不喜。

安七不知道为什么在那一刻就哭了，也许是害怕，也许是累了，她不顾一切地向那女人嚷道："你到底要把我折磨到哪个地步？我是错了，可我已经付出了应有的代价，你是不是真的要我死了才甘心？那你拿去好了，反正这条命都是你的，还给你好了……"她抽噎着，泪光在月光的照耀下泛着银白色的光芒。

女人向她靠近，突然伸出双臂轻轻抱住安七，安七愣愣地直掉眼泪，不敢置信地睁着眼睛。

"小七，不哭，咱以后好好过……"
黑夜瞬间归于永恒。

5

也许是学期末的原因，学生老师都变得忙碌起来。老师不停地讲重点，学生不停地做题做笔记。仿佛是一台机器，周而复始地重复着施令者的每个号召。

安七正在做一道数学题，自从那天过后夏一真的时不时拿一些几何题或者函数题向她请教。她去成绩栏看过他的分数，虽然总是在及格线徘徊，但他的努力也是不可抹灭的。世上不完美的事那么多，一分耕耘不一定就有一分收获。

"安七，你知不知道夏一在这学期末就要走了耶。"莫然附在安七的左耳说道。

"嗯？走？去哪里？"安七皱眉问道。

"我也是刚才路过办公室听到老师说的，好像是家里有事要离开吧。哦，你可能不知道，夏一的家不是在这边，他是借读生，高考还是要回他们那个地方的。"

安七握紧笔身，随即又松开，没有再说什么。

中午在食堂吃饭时，莫然看着夏一为安七打的饭盒，不由嚷嚷道："夏一你老实交代好了，是不是对我家七七有所企图，老是打那么丰盛的饭菜。不行不行，你再这样喂下去她会变成猪的。"

"吃你的吧！"安七夹了一块红烧肉塞进莫然嘴里，"安静吃饭好吧大小姐。"

莫然一边吃一边还不死心地八卦着："说！把七七喂成猪你要负责把她收购吗？"

夏一看了看低头默默吃饭彻底把他们无视的安七，语气甚是认真地说道："女孩儿太瘦，不好看。"

安七差点儿噎着，莫然挥着手大笑起来。突然"砰"的一声，莫然的大幅度动作把一个刚好经过他们身旁的学生的饭盒打翻了。

"对不起。"莫然连忙帮忙收拾，"不好意思，我再帮你打一份吧。"

"没关系。"女孩儿的声音淡淡的，莫然抬头被她脸上的伤疤吓了一跳。不过，还是蛮清秀的一个女孩子。

"陈小年！"一个男孩儿走近，伸手把女孩儿拉起来，"笨手笨脚的，你去阿浩那边吧，我去再帮你打一份。"

莫然愣愣地看他们走远，转头向夏一和安七说道："刚才那个女孩儿就是陈小年？A中有段时间总在讨论她，那男孩儿应该是林哲，许远说他们现在好像在一起了，真好。"

安七对那女孩儿也不陌生，虽然她不清楚为什么那个女孩儿总是那么无所畏惧地让伤疤暴露在阳光下。不过她想，至少陈小年是勇敢的，敢于直视自己的不完美，生活才会少点儿怨言，多点儿漂亮。

6

放学后，安七和莫然坐在草地上聊天，夏一依然一个人沿着操场跑步。

莫然躺在草地上听MP3，一句一句跟着哼，有时唱着唱着就跑了调。夏一说："莫然同学，别唱了，今晚会做噩梦的。"边说边在她们身旁坐下。

莫然撇嘴，朝夏一做了个鄙视的动作，继续闭着眼哼着歌。

"听莫然说你要回家了。是准备回那边高考吗？"安七问道。

夏一愣了愣，似乎没想到她会关心这事，随即点头："嗯。当初我爸也是抱着'望子成龙'的心把我送进这所重点高中的，不过在这边生活学费、生活费什么的都不少，而且迟早都得离开，高三回老家那边读会便宜些，父母的压力就不用那么大了。"

"你和父母关系应该很好吧？"安七淡淡说道，语气听不出喜怒。

"一般。家里又不止我一个孩子，不过他们很好，没有因为家庭的原因而剥夺我们的梦想。不过也许是因为常年都不陪在我们身边吧，我们几个孩子跟父母都不亲。"

"听起来你比我幸运多了。我和我母亲现在见面就像是仇人。因为我曾让她失去了一个孩子。"

"安七，"莫然突然翻身抱住她，脸埋在她的腰部，她说，"你别说，会难过的。"

安七微笑着拍了拍莫然的头，"其实现在想起都觉得那时真的是个孩子。小时候我就知道父母不疼我，也许因为奶奶重男轻女的思想根深蒂固，渐渐的父母的关系也出现了裂痕。我八岁那年，我妈突然满脸笑容地对我说我就要有个弟弟了，他们都很高兴，连从没对我微笑过的父亲都给我买了一包糖。可我一点儿也不开心，甚至有些怨恨。凭什么？我留在他们身边这么久了，可他们从来不疼我，而那个还未来到这世上的弟弟，凭什么就如此好运？其实他们不知道，我那时一直害怕，害怕他们会不要我，害怕他们会因为弟弟而抛弃我。所以有天我假装从衣柜上摔下来，我只是想吓吓他们，让他们发现我的存在。没想到我妈一听到我的叫声就急忙跑了过来，跑得太快，踩到了地上的迷你维尼熊，那是他们给未来的宝贝准备的……"

安七沉默几秒，篮球场的加油声震耳欲聋，可是安七只听到类似火车过隧道的声音——"轰隆隆——"像是从很远的地方传来，有些不真切。她继续说道："当时在医院时我向父亲坦白，我说妈妈是因为我的缘故才摔倒的，我还想说对不起我错了，可是刚发出一个音节，他双目赤红，抬手就扇了我一巴掌，我被他打得有些回不过神，坐在地上直到口腔有了一股血腥味才知道被打了，可我当时都忘了哭，只是愣愣地扬着头看我爸。我知道他一定在骂我，可我爸的那一巴掌手劲儿可真大，把我的右耳给打残了，我没听懂他在说什么。"

安七知道莫然在害怕，因为她那么紧地抱着她，让她有些喘不过气。

不过还好，日子久了她发现其实是能听到一些声音的，虽然零碎，不过没有完全失聪，还是很幸运的。

夏一自始至终都看着安七，她的表情一直很平淡，只是讲到她母亲摔倒时，他明显感到她不易察觉地颤抖了一下。

"你的母亲是爱你的，可她又不太会爱你。"夏一说道。

安七的眼眶慢慢泛起湿意，"其实有时我会觉得一切都因我而起，就像她说的，我是罪人。这么多年了，我们依靠着对彼此的恨来维持这段岌岌可危的亲情，我和她针锋相对，我想逃离她，可是我明白的，不管怎样，我都希望我们可以好好地生活在一起。"

"也许，当一个人走到绝望的尽头时，应该像蛹一样，学着过遗忘的日子，等待有一天，破茧成蝶。有些事总会随着时间被忘记的，时光给我们的最大慰藉就是原谅和谅解。"夏一突然伸手拍了拍安七的后脑勺。

莫然抬头，露出两只红红的眼睛，"夏一，原来你是哲学家！"

安七和夏一相视一笑。转头，眼泪打湿了脸颊。

还好有你们，陪我到最后。我以为这会是个讲不完的故事，可是原来只要那么几分钟而已。

那天傍晚的晚霞很美，云朵透着绚烂的光芒，连空中的最后一抹落霞，也美得让人窒息。

明天，又是晴朗的一天吧。

安七回到家已经是华灯初上。她打开家门，漆黑一片，摸黑把灯打开，安七看见她正坐在沙发里，眼神空洞洞的。安七只觉得鼻子泛酸，走过去想问她要吃什么，陡然看见茶几上有张"离婚协议书"。由最初的愕然到冷笑，最后，还是剩下她和她了。

女人有些茫然地抬头，也许是刚哭过，她的声音有些沙哑，她说："你也要走的吧？等你高三毕业，就会填报一个很远的大学，离开这里离开我的吧？其实我一直不让你上学，就是怕你会一走了之。其实，我没有那么恨你的，毕竟，你是我唯一的女儿，是我们给你的疼爱太少了。而且，我们像一对普通母女相处的时光那么短……"

女人还在碎碎念，安七弯下身子抱住她，她明显地感觉她在颤抖，她们有好久好久没有这样亲昵的动作了，像一对普通的母女那样。不过还好，她们还有好长的以后，她们可以在往后的日子里，相依为命，就算是互相折磨也没关系，因为她们只有彼此了。

"妈，我陪着你，以后我们好好过。"

有冰凉的液体顺着她的脖颈往下掉，冰凉冰凉的。安七想起那天晚上她也是这样抱着她，叫她小七，亲昵得如同一个疼爱她的母亲。安七觉得她好像做了一个梦，一个冗长的梦。而现在，梦醒了，她也终于长大了。

7

夏一离开的日子是7月5号，离高二期末统考只有两天。

因为不是客运高峰期，所以火车站显得有些冷清。清晨的阳光照在月台上，泛着白花花的光。

夏一提着简单的行李，穿着一件黑色套头衫，整个人瘦削挺拔，他的脸上一直带着淡淡的微笑，没有一点儿离别的愁绪。

"莫然没来吗？真不够朋友，连句再见都不说。"夏一打趣道。

"她说认真说再见的人也许会再也见不到，所以让我跟你说句好好加油。"安七知道莫然一向不喜欢分别的场面，因为她是个爱哭鬼。

"也让她好好加油。哦，对了，安七，我可以抱抱你吗？"夏一突然说道。

"啊？"安七不由睁大眼，然后鬼使神差地点了一下头。

这个拥抱不是情侣之间的拥抱，可是他们却拥有比情侣更深的情谊。

安七觉得夏一身上一定沾满了阳光，不然为什么当她靠上去的时候，会有一股暖流直袭心头，暖到她想不停地落泪呢？

"安七，好好长大，希望下次见面，会看到一个和莫然一样笑得张牙舞爪的女孩儿，像那次你丢钱时一样无理取闹也可以。"

安七想起那次的糗样，"扑哧"一声笑了，可还是有泪水争先恐后地从她眼眶流出。

火车已经快要出发了，夏一向她挥手，微笑着转身。

他其实很容易就想起那一次在街道旁看见安七的时候，那时她应该是和她妈妈吵架了，可还是倔强地站在门口，硬要把自己伪装成一个冷漠无理的人，明明就很想哭。

就像第一次看见她，他忘了东西在教室里，跑回教室拿时，看她伏在课桌上，把头埋在臂弯里，双肩颤动，可是空无一人的教室，丝毫没有听到她半点儿哭声。该是个隐忍多久的人，连哭都要那么小心翼翼。

安七，其实我刚才还对你说了一句话，不过是对着你的右耳说的，所以你可能听不到吧。

安七一直站在原地，直到夏一走进火车厢里，她才转身。

那天天空很蓝，几乎看不到一朵白云，暖暖的阳光从天边倾斜的照在大地上。安七抬头，洋洋洒洒的光芒落了她满身。

夏一，我可能没告诉你，我右耳虽然残疾了，但没有完全失聪，还能听到一些细碎的声响，所以，我知道你说了什么。

很抱歉不能给你一个明确的答案，很感谢你能喜欢一个这样的我。

夏一，如果，我是说如果，等某天我可以扬着最美的微笑跟你打个完美招呼的时候，我一定会告诉你，我喜欢你。

莫然不知道什么时候也跑出来了，在她几步远的地方对她挥手，脸上笑意盈盈。

夏一，莫然，这个夏天，遇见你们，似乎耗尽了我半生的幸运。

安七终于扬起微笑，快步向莫然跑去。张开双臂，拥抱阳光，拥抱温暖。这一刻开始，她要努力让自己幸福。

学霸求放过

安七舟

减肥可待成追忆

计划很宏伟，可我迄今为止只遇到两个学霸，而且还是一对死对头，争名次的状况愈演愈烈，最后终于殃及池鱼。

宝海绵是男学霸，就住我家隔壁，成为我的人工闹钟，风雨无阻喊我一起上学。

姚妹子是女学霸，上厕所的死党。

两人狭路相逢在学校的走廊上，姚妹子拉着我的手目不斜视，不想却被宝海绵挡住了去路。

宝海绵穿着海绵宝宝的沙滩裤，推了推眼镜邪魅一笑，"真是高招，用上厕所来刺激脑部。"

姚妹子回他，"你不排陈，难道是囤成了一坨？"说完拉着我头也不回地走了。

可谓学霸不可估，我还在犹豫哪边倒，两人竟手拉手去街边吃牛肉丸。我冲到他们面前，看着他们的甜蜜相，就有一种想自挂东南枝的冲动。

"圆圆，我们，在一起了。"

我合起再张就要脱臼的下巴，想说话，却一点儿声音也发不出。

宝海绵笑得花枝乱颤，"圆圆，来吃个丸子。"

妹子眉毛一挑，拍掉他伸过来的手，"你再诱惑她，她的减肥计划就失败了！"

我满脸黑线，伤心地看着丸子滚到我脚下，感觉减肥可待成追忆。

于是我一激动的结果，是干掉了妹子那份牛肉丸子……

论学霸接地气指数

班里来了一个转学生，是学霸中的战斗机！

我开始打量他，很有韩国长腿帅哥的感觉，我握紧了粉拳，信心满满地对自己做了一个加油的动作，学霸我来了！

他伏在桌上写作业，旁边是凌乱的草稿。我随意一瞟，二次函数图像很工整，我深吸了一口气：

"学霸，我们做朋友吧！"

他抬头，愣了一下后对我笑，"哎哟呵，好可爱的肥妹子。"

"谢谢。"我傻笑着，片刻后回过神来。等等，可爱好像不是重点，"只是微胖，微胖懂吗？"

他笑出声来，"我叫林雪芭，微胖妹子你好呀……"

世界观崩塌了，我是领悟了，学霸之所以成学霸，绝不是因为他有多高冷，而是看他有多接地气！

雪芭很接地气，因为这话中带着东北口音！凭这一点绝对胜过姚妹子和宝海绵。

我抽了抽嘴角，"你，你好呀！"

这么威武雄壮的口音，用来卖萌真的好吗？

姚妹子教训了我，在我交完新朋友之后。

"我和宝海绵在一起对抗外敌，你竟然跑去勾搭人家，友尽！"

我抱着她的腿，"女王大人你误会了！知己知彼才能百战百胜，我只是去刺探敌情！"

她的态度瞬间转变，把我扶起，"圆圆你真是中国好闺密！"

我抹了把眼睛，点头，"你知道我的心就好！"

她热泪夺眶，"圆圆，交给你一个艰巨的任务！"

"说！"

"请你和林雪芭交往，拖住他的功课！"

我目瞪口呆，"我这身材可以？"

姚妹子大喝一声，拍下我的肩膀，"完成使命，你是光荣的！"

我已不能形容我激动的心情！感觉我是战士化身，拯救处在水深火热中的妹子和海绵。虽然他们已经抱团，但是敌人强大，需要我支援。

"放心吧，交给我。"我拍着肉肉的胸脯保证。

她坚定地点点头，离我而去。

晚上我睡得很安稳，梦见我变成超人拯救世界。但是半夜我猛然惊醒，瞪大眼睛发现，被人坑了！

雪芭=学霸

自他们抱团以后，宝海绵就再也不喊我去上课了，屁颠颠地跑去接妹子了。

然后，我迟到了。

不过在路上遇到了林雪芭，算有收获。他骑着很拉风的三轮车，"袁圆圆，迟到了！"

我哭丧着脸，抖着肉用生命在奔跑，"雪芭我们是好朋友，快带我一程！"随之我眼前一亮，他的板车上是什么？我"满血复活"，冲上去攥住他的车把手，"牛肉丸？！"

他不好意思地摸摸头，"今天爸妈有点儿事，叫我先把这些摆好。"

"校门口？"

"对。"

学霸真是功能齐全。陪上厕所的有了，人工闹钟有了，连牛肉丸子都有了。世界很美好，我要拿下林雪芭，此心绝不改！

林雪芭在风中凌乱，"口水口水！"

我回过神，毫不客气地跳上后座，感觉整个车子瞬间颤动起来，"快点儿，要迟到了！"

他好像很痛苦，他的脚在发抖。

"林雪芭我喜欢你，你和我交往吧。"我偷吃后座上的牛肉丸子，含糊不清地说。

"你说啥？我听不见啊！"

我呛住了，一粒丸子在喉咙里不上不下，伸着短短的脖子咳嗽。林雪芭一刹车，我整个人都好了，丸子就顺力下去了。但是同时，我也失去了完成我光荣使命的绝佳机会。

老师看在林雪芭的面子上没有罚我，抖了抖手中的纸，我看清是运动会表格。

087

"袁圆圆，你是一路跑过来的？那长跑应该不错，嗯，去跑八百米吧。"

老师绝对是在报复我，确定我不会滚到赛场外面去吗？我向林雪芭投去求救的目光，却不想他很温柔地笑。

放学后我去找林雪芭蹭丸子，他看着我，"袁圆圆你不是喜欢我吗？你要是能跑下八百米我就和你在一起。"

和雪芭在一起与和丸子在一起是画上了等号的。我赶紧点头，拍了拍林雪芭的肩膀。他一定是被我的诚心打动了，或是觉得我一定能成功，直接在我面前单膝跪下，感动得抽搐着嘴角。

"我们，我们还没到那种程度啊，你快点儿起来呀，求婚也是以后的事。"

他掩面泪奔，我砸吧着嘴，心想他一定是伤心过度了。

晚上我和姚妹子聊QQ，告诉她我的壮举。姚妹子大惊：前面他不是说没听见你的告白吗？

我一愣，恍然大悟：是哦！

她骂我没出息，既然要跑你就跑给他看就好了，别磨磨唧唧的。

我欲哭无泪：妹子你别激动，我誓死完成使命！

姚妹子头像黯淡了下去，应该是去学习了。我准备下线，却见一个头像开始闪动。

哟呵，圆妹子！

昵称是"我是学霸"。我一脸纠结地看了半天，恍然大悟，雪芭等于学霸。怪不得叫个这么娘的名字！我扶额，连名字都这么威武雄壮，姚妹子和宝海绵一定输定了。

我果断不理他，可学霸很执着，发了一堆空格号刷屏。惹不起还躲不起吗？我下了线，末了瞟到一行字，害我瞬间摔了鼠标：

锻炼期间，丸子不出售。

牛肉丸子满大街都是，但是林雪芭家的丸子就是比其他家的好吃，我锲而不舍、风雨无阻地在他家摊位吃了八年。为此还发奋图强考到他家摊位对面的中学。

一无是处的自己

我真的很努力啊，为了使命为了丸子。姚妹子和宝海绵也很努力，为了名次为了名次。所以我有一段时间没怎么和他们谈心了。

倒是林雪芭，操着一口东北音对我喊，"圆妹子，快点儿滚过来，就是终点了！"

我很听话，我从小就听话，于是我滚了过去。林雪芭恨铁不成钢地看我，"你下次再敢滚过来我就把你踹回去！"

我真是冤枉，"是你叫我滚过来的啊……"

林雪芭骂起人来可不得了，其名曰：学霸的力量。

所以我灰溜溜地滚回赛道上练习跑步，头一次质疑我妈的观点，与学霸交朋友真的好吗？

晚上我悲壮地告诉我妈这奇葩现象，她老人家拿了筷子就往我头上敲。

"谁让你这么浪费资源的，我从小怎么教育你的，要多请教人家学习！不是帮你减肥、报时、上厕所的。"

"帮我，上厕所？"

结果又得了我妈的一顿训斥，说什么人各有异，例如说我，看吧，特征多么明显，圆嘛！

这是我亲妈？我一定是从路边捡来的。

我赶紧躲避她的碎碎念，我是迟钝但我不笨。

林雪芭有阴谋，我们相识不过短短三四天，竟然直接发展到这样。

但我想了想，林雪芭也会认为我有阴谋，其实我的阴谋只是想拖住他的学习顺带他家的牛肉丸子，因为压根没有任何感情，表白也就特别自然。

可我又有什么可以让他受益的？

我在床上辗转反侧，最后把自己从头到脚狠狠地嫌弃了一遍，瞬间觉得安心了。

既然我这么一无是处，人家可能只是觉得好玩吧。

恶 性 循 环

运动会在即，我非但没有变瘦还胖了十斤。林雪芭气得双脸发红，问我到底怎么回事？

我委屈地摸了摸圆滚滚的肚子，咽口水，"这是一个恶性循环啊，我运动得越多，回家吃得越多，吃得越多我就长得越胖啊……"

他按住乱跳的太阳穴，做了好几个深呼吸，最后还是忍不住掐我的脸，"让你吃让你吃让你吃！"

我被掐得不成人样，却没有想要反抗，这一点儿都不正常。

林雪芭最后绝望地叹了口气，暗暗皱起眉，"你只要跑下八百米，此后牛肉丸子免费供应，外加两碗木鱼汤。"

我满身的肉肉一震，我的胃叫嚣着：奔跑吧，小主人。

"好，好的。"我垂下首，狠狠地拍着肚子，都是这该死的……

林雪芭的笑容很灿烂，我竟恍惚间觉得他很帅气，我觉得其实我是馋疯了。

运动会的日子慢慢逼近，我抖着肉肉在夕阳下练习奔跑。林雪芭依旧叫我快点儿滚过去。

运动会真正开始已经秋末了，大红色的赛道在叫嚣。我积蓄已久的害怕和恐惧在这一瞬间迅速涌上来，我仿佛回到了几年前，为了减肥摔倒在运动场上，或嘲笑或同情的声音充斥着我的耳膜。

我还来不及继续想下去，林雪芭就把我推到赛道上，一脸严肃地告诉我一定要跑完全程。我看着他紧握我的手，一种想法令我几乎抓狂：哎，这口音真是好萌呵。

这不是一个好兆头，我是这么认为的。

果然跑到四百米的时候我成功扑街了。

又是这样，眼见着一双一双脚从我眼前踏过，尽管我再努力，再不肯服输，跌倒了就是站不起来。

我迫切地在找林雪芭，不是姚妹子不是宝海绵，是林雪芭。

可是我没找到，谁也没有找到。

我痛苦地回忆几年前的经过，扑街，爬不起。但是记忆深处好像有个人递给我一杯牛肉丸子，那个味道很美味，比我以往吃过的还要美味。

我想不起来那个人了，因为不是学霸一律被pass掉。但是那个时候是因为什么想减肥呢？忘记了……

就在我万念俱灰之际，林雪芭喘着气跑到我面前，小心翼翼地把我扶起。这个场景惊人地相似，我错愕万分，然后是委屈。泪水一下子就涌出来了，我哭得很狼狈，断断续续地抽噎，"牛肉丸子，不要走。"

他哭笑不得，伸手递给我一杯牛肉丸子，拍着我的肩膀，"怎么这么没用呢？当初怎么说的，不是说要变成窈窕的大美女吗？"

我揩去泪水，眨巴着眼。大美女？

回忆明晰起来，记得那时是个有着一口东北音的男孩子把我扶起来，然后我们坐在草坪上谈天说地，我自豪地抖着身子，坚定不移，"等着，我以后肯定会成为大美女。"

他没有嘲笑我，信任地点点头，"嗯嗯！我以后要做最好吃的牛肉丸子。"

"做牛肉丸子有什么前途？我妈说了，长大要当学霸才有前途。"

这一段过去我几乎要遗忘，我脸都绷了起来。我也知道这个表情一定很搞笑，绷着满脸肉肉。

可是林雪芭没有笑，他说他那么努力都实现了那个时候的话，袁圆圆你怎么可以放弃，梦想再小也是梦想，只要有梦想，就要去追逐。

他的话太深奥了我没有听懂，只好顺着他点头。我瘪着嘴，"那，那你还给我吃牛肉丸子吗？"

他笑起来，"圆妹子，再吃你就变不成美妞了！"

我低下头，默默地画圈圈诅咒林雪芭，还有整个学霸群体。

"袁圆圆，快点儿站起来，去跑完剩下的路程！"林雪芭斗志昂扬，大喝一声，使出吃奶的劲儿把我从地上拖起来。

我还没反应过来，又被抛到赛道上去。

我就这么遭人嫌弃啊……

"袁圆圆加油，袁圆圆加油！"

我一看，是宝海绵扭着屁股在那撒花，姚妹子也对我报以鼓励一笑。

学校三大学霸都是我的好朋友，我忽然觉得我是个成功的肥妹子。最后一名又怎么样，我依旧努力过，坚持过，我便没有后悔了。

我霸大人保佑我

我没有完成姚妹子交给的使命，却成功搞定了牛肉丸子。后知后觉的我发现，我之所以这么迷恋林雪芭家的牛肉丸子，是因为这个丸子对我有治愈力量，可以让我原地"满血复活"。

运动会之后就是质检考，他们快要疯掉了，拼了命地复习。

倒是林雪芭看样子十分轻松，每天来叫我上学还像我妈一样惦记着，"肉要少吃，多吃青菜。"

我就差跪下来喊一句，"大人，您安心去吧。"

姚妹子说我一点儿都不敬业。我只好和她说，就林雪芭那种级别的，凭那个响当当的名字阅卷老师就跪了。

姚妹子又开始愤恨她这个名字取得不吉利，我给她唱"妹妹你坐船头呀，雪芭他水里滚呀……"她这才安心，又屁颠颠地跑去找宝海绵背古诗了。

我是乐得清闲，除了吃就是睡，结果成绩出来后竟前进了几十名。班里的同学说是因为和学霸做朋友沾到仙气了，于是一窝蜂地往他们座位上挤，握个手，抱一下，然后说，"学霸大人保佑我。"

我在一旁偷笑，林雪芭爹了毛，"把我当孔子啊！"

真希望我们就这样一直打闹下去，我依旧是圆圆的身材，林雪芭嘲笑我带着一口东北音，其实他自己的普通话才更可笑。

中考那天，我和他们在考场外面分手，宝海绵还穿着他的沙滩裤。林雪芭开玩笑说他的裤子有诈！就要脱下来瞧瞧。

我和姚妹子在一旁笑，经过我的努力姚妹子和宝海绵已经接纳林雪芭了，甘心屈于第二第三。姚妹子奋力抱住我肥肥的身子，"圆圆，你其实很好，加油呀，我们要上一个高中！"

宝海绵说："我们仨给你创造了这么好的学习条件，要不上同一个高中的话真是太对不起我了。"

我想了想，说宝海绵你神经病，没见你们给我辅导功课呀。

他不屑地甩了甩头发，搭过我的肩膀，"辅导算什么，我敢保证，就算辅导了以你这IQ也抢救不了。"

我一脚飞踢上他的膝盖。

林雪芭只是笑了笑，他什么也没有和我说。

中考揭榜后，我遇到了姚妹子和宝海绵。他们正志得意满，手挽着手准备去看电影。

我问他们，有没有看见林雪芭？

姚妹子满脸诧异，"他没和你说吗？他回东北了，高中要在那边念。"

我瘪了气，连声音都变得小声，"那他有没有说什么时候回来？"

"可能不会回来了。"

我叹了口气，"可惜不能吃他家的牛肉丸子了。"

我的确是怀念他家的牛肉丸子，也只当是怀念他家的牛肉丸子。

肉多不是我的错

上了高中后，我没与姚妹子和宝海绵一个学校。他俩都去了师范附中。

由于宝海绵就住在我家隔壁，我讥讽宝海绵，大爷你以后可别当老师，摧残祖国小花朵。

他说我这么圆的身材以后会找不到汉子的，担心自己吧。

于是我"重操旧业"，决心减肥。

可惜没有牛肉丸子了。

这真是个无比悲哀的事，以至于我刚刚迈出起跑线的脚又悻悻收回。

哼，我的梦想才不是减肥这么肤浅的事！我的梦想是成为学霸，虽然IQ有限，但是成为学霸的朋友也算是功德一件。

宝海绵说我减肥是三分钟热度，没有丸子诱惑绝对撑不过三分钟。

他说得没有错，或者说没有林雪芭家的牛肉丸子一切就没有了意义。

高中也有一群学霸，他们很忙，忙到没有时间上厕所。我很难再交到像姚妹子和宝海绵那样的学霸。

我的确很赞同姚妹子的观点，他们不排陈，一定是囤成了一坨。不是我不做听妈妈的话的好孩子，只是学霸也要听妈妈的话，要和学霸做朋友。

学霸和学霸做朋友，一点儿意义都没有。

为了缓解我苦闷的心情，姚妹子和宝海绵叫我一起去溜冰。

我衡量了很久，最后还是牺牲小我和他们去了。

问题是我的脚根本就是塞不进溜冰鞋里，我更苦闷了。

肉多不是我的错，只能怪世界有那么多好吃的。

"袁圆圆，你怎么还这副样子。"

我好像听见了林雪芭的声音，带着浓浓的东北口音。我从座位上蹦起来，一眼就瞧见林雪芭。

姚妹子和宝海绵在一旁大喊着，"surprise！"

我重心不稳栽倒在地上，林雪芭立马跳起，"哎哟，欢迎我也不用行此大礼啊！"

我傻笑着，抹了把脸上的泥巴，晃悠地站起，"林雪芭，你带了牛肉丸子吗？"

林雪芭捂着小心肝一脸悲痛，"好伤心，你竟然只想着牛肉丸子。"

"不然呢？"

"也应该想想我啊。"

"你回来干吗，牛肉丸子回来就行了。"

他傻笑着，变戏法一样变出一杯牛肉丸子。我眼前一亮，瞬间觉得动力满满。

"你再这样，圆圆还能减肥成功吗？"

"即使我不这样，你觉得她可以瘦下来？"

听着姚妹子和林雪芭的对话，我一口老血都快喷出来了。

请你们不要阐述事实好吗！

学霸大人求放过

当林雪芭出现在我班上的时候，我和我的小伙伴都惊呆了！

根据林雪芭的陈述来看，事实上是他觉得自己一定会考上一个好到爆表的学校，这样就不能凸显他高富帅的唯美气质，使他的高中生涯暗淡无光。没办法，只好先回老家一段时间，再回到这里就可以顺利入驻一个普通学校，继续过万人追捧的生活。

然后他被我吐槽了一脸，名为学渣的愤怒。

姚妹子知道后笑林雪芭没骨气。

我被搞得一头雾水，到底是哪跟哪儿啊？

宝海绵说，"他是怕你在学校没人和你玩，对于一个只对学霸有印象的妹子，实在是放心不下。"

林雪芭面红耳赤，就要去扒宝海绵的沙滩裤。

"哎呀呀，林雪芭你不能忘恩负义啊，想当初还是我给了你圆圆的QQ号呢，还是我告诉你圆圆喜欢你呢，你不能这么对我啊。"

姚妹子一惊，"好你个宝海绵啊，原来那时你们就哥儿两好啦！"

我一惊，"好你个宝海绵，竟然敢出卖我！"

对宝海绵又是一顿胖揍。

"泰山压顶！"

三人一起坐到宝海绵身上。他痛苦地一抽一抽，"我再也不敢了。圆圆你还不去减肥。"

我拧起他的耳朵，"减肥太肤浅，我要成为学霸！"

宝海绵哭丧着脸，"三个学霸大人，放过我吧！"

我们没心没肺地笑，最好的时光莫过于此。

宝海绵还在乱嚷嚷：学霸大人，求放过！

给她们的小情书

花瑾瑜

我们三个是很好的朋友

大半夜手机响了。

我的来电音乐是小叮当的主题曲，有一段时间把朋友们雷了个遍。我迷迷糊糊地接了电话。

我"喂"了一声，那边立刻挂断了。目瞪口呆了半天，我终于妥协了，把手机丢到一边，刚沾上枕头，电话又来了。我立刻淡然地按下接听键，从容不迫地盯着手机屏幕等那头说话，终于过了八秒，那头有个人说："喂？"我立刻挂断了。

我这人吧，什么都好，就是记仇。

那之后，再没有电话打进来。我有点儿心神不宁，想去翻通话记录，才反应过来我的手机没有来电显示。

第二天，我接到一个电话。

接起来还没反应，就听见那边一个女声："二丫！刚才阿景说她要上飞机去云南了，你知道吗？"我"啊"了一声，回答说："她怎么没有和我说啊……"我突然想起了昨晚的那个电话，挂了姚卿的电话就打阿景的手机，怎么也打不通。

对啊，她在飞机上，手机关着，没有信号，我怎么能找到她呢？

她毅然决然，独自一人南下，奔往那个我们向往许久的城市，收起过去的记忆，揉成团抛在了这个城市。我还记得中学毕业那天，她微眯着眼，和我聊天，安静地看着天空。她从来都是很安静的孩子，只是有了我，她才大笑着、狂奔着，走在青春尾端。

那几年我总是想起我们三个人。我叫温尔雅，她叫许景，还有一个女孩叫姚卿。我们三个是很好的朋友。

后来，我们果真成了好朋友

中学的时候我认识了阿景和姚卿。

我一直是很乐于嬉闹的女生，即使在刚进入这个陌生的环境中，我也不甘孤独。初一刚开学就是军训，我们在烈日下站了一上午，教官大发慈悲让我们在原地休息。我轻声哼着歌晃动身子，连带着把我右边一排人推倒了……

当时阿景在姚卿右边，姚卿在我右边。

下午我们早到的几个同学散在营地的一角，姚卿看了我一会儿，"哈哈"笑着向我伸出了手，"你好同学，我叫姚卿，我们以后就是好朋友了。"

后来，我们果真成了好朋友，虽然经历过不少心路坎坷，幸好最后都心贴心了。

我一向热情，但是碰上一个比我还热情的人，真是很尴尬。我没有和她握手，而是笑着回答："姚卿，我叫温尔雅。"她自然地收回手，低头笑而不语。

阿景来时不早不晚，她静静地站到姚卿身后，我的视线触及不到了。

那天临近傍晚下了小雨，我冒雨骑着自行车回家，路上遇到了打伞的阿景。我试着叫了一声："许景？"她扭头，看见我后沉思一下，笑着问道："温尔雅？不如我们一起打伞吧。"我缓缓地蹬着车前行，拒绝道："不必了，我骑车。"

和阿景道别后，回家已经全身都湿了。好像经历一场蜕变，心里也有了雨水的冲刷。第二天我们三个军训时就打成了一片。

当我们熟了之后我再问起"为什么一叫我的名字就笑"的时候，姚卿和阿景一致道："温二丫，你太笨了！"

你好同学，以后我们就是好朋友了

我和阿景应该是在性格上互补的，我动她静，所以我们很快就无话不谈，成了好友。至于姚卿，我们每次谈话，她总要插上话并发表感言，热情得让我们有些避退三舍，渐渐地从来都是她一个人凑来我们身边来，我们从不主动。

初一第二学期，姚卿搬家后骑车来上学，我和她顺路，于是一起骑车回家，海阔天空地聊一大堆，开始和她谈心、大笑……我们终归是把她当好朋友的。

因为遇见，所以感念。

初一平淡地过去了，初二来了。开学那天，姚卿拉着我和阿景，无言了许久后，缓缓道："我要去治病，休学一年，不能和你们一起了。"她犹豫了半天，说出的真相惨不忍睹。

我们愣一下，抱怨道："怎么回事啊？那我们以后不是少了你一个朋友了吗！"

姚卿也很难受，沉吟片刻，说："我一年以后就回来上学。你们以后有时间就找我吧，我怕打扰你们。"姚卿头低得很，额上的刘海儿遮住她的眼睛，叫人看不清楚。我们忙点头答应着。

阿景看了姚卿好久，郁郁道："我们知道你总会回来的……等你中考了，可能的话也和我们一起上同所学校吧，三个人在一起，总是好的。"

姚卿笑着点头，"还早呢，你们还有两年，我还有三年……还早呢……"

我们总是认为"还早"，可以一转眼就"早过了"。错过是一种过错，其实是可以避免的。

过了几周，我有了手机号，向阿景要来姚卿的号码，给她发了一条信息：同学，我叫温尔雅，以后我们就是好朋友了。

认定一个人就认定了一辈子

初二那年，姚卿有时会来我家，她迷上了修图，给我PS的下载地址，让我和她一起在贴吧里开修图店铺，办得红红火火，招来了不少店员。姚卿这一年为这个店铺忙得不可开交。

初二的我和阿景，一开始是很要好的。阿景比我小六个月，个子却很高，每次我们亲昵在一起，总是我偎在她身边。但是阿景像个小女孩儿，遇到事情会不安，会来抱着我诉说；我下课就去找她玩，捏脸、戳肚子、揉头发，狠狠地欺负又爱护着她。

我爱吃蛋糕，所以她每次生日的蛋糕都是我解决掉的，我给她的生日礼物，是长长的一封"情书"，整整五页纸，都是给她的我的心意。

后来我们不知道怎么了，就像两只刺猬，想偎在一起取暖，却无意间把对方刺伤。我们之间因为一些小事情而产生隔阂，胳膊挽在一起，心里总有些怨。

阿景从来没有坐过火车，是那种大城市的女孩儿。有一次她换了双阿迪达斯的鞋，那个阿迪达斯的标志我不知道，还是阿景教我认识的。她不想炫耀，一直想低调，却总是无意间透出不同于我的气质与生活方式。

我觉得她好像是另一个世界的精灵，不该出现在我身边。我家里租房，没有冰箱，电视的年龄比我还要大，我一直很为我的家庭骄傲，我不喜欢的只是她那种属于富家子女的举手投足。

我有时候会想起小学的好朋友。我们那时天真、无忧，认定一个人就认定了一辈子，把友情当作至高无上的东西。

我依然相信友情，只是不那么肯定了。

我和无数人踏上了一条不复返的道路

初三开学，姚卿回来了。我们在初三教室里埋头苦读时，她和新朋友走在去厕所的路上，后来我们向她抱怨：她抛弃了我和阿景，"勾搭"上了初二的小姑娘。

我们中考前，姚卿来给我们打气。她拉着我和阿景的手，一如当年难过的表情，缓缓道："你们一定要考好啊，到时候我去和你们汇合。"

那几天我与外界几乎隔绝了，每天除了学习还是学习，把废寝忘食的行为发挥到淋漓尽致。我和阿景即使在下课时，也没有一起闹过、笑过，我们都在奋笔疾书。

因为命运就在前方。

中考那几天，我们和同样命运的无数人，踏上了一条不复返的道路。

我们在到校估分后，慵懒地趴在走廊栏杆上，看着满是空荡荡的操场，感慨万千。我看向旁边的阿景，欢笑道："将来我们一起去北京吧……你要陪我去北京看天安门，看升国旗，然后我们去丽江、凤凰、大理，那些古城一定比想象中的还要美……对了，姚卿也喜欢古典的东西，我们把她拉上吧，到时候一起去！"

阿景笑道："二丫，你这样挺好的。"我疑惑，她"哈哈"笑道，"你这种性格，在中学真的少见，活在自己的欢乐世界里，没有心计和嫉妒。这样真好。"

我们离校前，在无人的操场上奔跑着、跳跃着、大笑着……为三年画上一个句号。

那年那月那天，她站在逆光处，我闭上眼睛，享受最后的安宁。

我们三个很长时间没有联系，也无法联系

高中生活开始了。

我和阿景考上了不同的学校，遇见了不同的人。阿景喜欢上一个男生，那人是她们班的才子，阿景偷偷带我去她们学校偷看过那人。阿景第一次喜欢一个人，变得更文静和害羞了，我不阻止她的暗恋，却心疼她的改变。

过了不久阿景给我打电话，说是那男生有了女朋友。我觉得这样挺好，绝了她的念想，可以一心一意地学习。毕竟，爱情这东西，我从来都不相信能维持得长久，按部就班何尝不是一种生活？我花了二十分钟安慰阿景，她沉默不语地挂了电话。

后来阿景真的很努力很努力地改变，也不知道为了证明什么。

姚卿还在做初三党，经历我们从前的一切。

我心心念念着理科，却在最后报了文科。因为阿景说，他去了文科班，她也要去。

那么，我也是要去的。

高二的时候，姚卿顺利升入了我所在的十八中，阿景的暗恋也快接近尾声了，我靠写文章赚些零花钱，开始向往外面的世界。

高三的时候，姚卿刚高二，却也无暇顾及她的修图店铺了，她和我放弃了这个梦想，我开始全力冲刺高考，阿景收了心，再不往那个男生那里投去目光，像是变了一个人。

高考前很长一段时间，我都快要哭出来了。当年中考的噩梦又来了，我们避无可避。

在姚卿埋头复习时，我和阿景，又一次踏上不明前方的道路，唯恐一不小心就跌入悬崖，死无葬身之地。我们三个很长时间没有联系，

也无法联系。

高考开始的时候，我握着笔，为自己打气，看着空白的卷子有种想哭的感觉。答题的铅笔后来被我掰断了，出了考场我就哭了。

阿景的暗恋就这么结束在无言的悲哀中

我和阿景考上了本地不同的大学，姚卿在第二年考上了理想的大学。

三个人，就这么认识了六年，蹉跎了六年。大学里，我和姚卿又重拾起了那个载着我们梦想的修图店铺，阿景把自己每天很忙，加入很多社团，杜绝了一切关于那个男生的字眼儿。

姚卿还在作为一个大一新生而蜕变着，我已经去打工挣钱了。到我们大三时，我花了一年的工钱买了单反，每天拍来拍去，自得其乐。

大四的时候，阿景不知道从哪里听说了那个男生的消息，向我和姚卿哭诉。据说那男生现在长得人模人样的，和女朋友准备大学毕业了打拼几年就结婚。我边安慰阿景边诅咒他们早结早离，阿景在颓废中不忘捶我一拳。

第二天，她还是原来那个坚强、安静、美好的女孩儿。

毕业前夕，我为了过英语四级而来往奔波于省图书馆与学校间，有一次正巧碰见那个男生和他的女友，他们手牵手、旁若无人地呢喃着。我盯着他们半晌，后来也没有告诉阿景这件事。

谁都没有错，我们没有资格站在谁的角度去指责别人的无心。

顺利毕业后，阿景找了个记者的工作，我进了一家杂志社。

等到姚卿毕业时，阿景收到了暗恋对象的喜讯。阿景拉着我和姚卿一起去参加婚礼，一直面带微笑的她一出饭店门，眼泪止也止不住。她说："我现在终于死心了。"

阿景的第一次暗恋，就这么结束在无言的悲哀中。

经历十三年的细水长流，你依旧如同昨日

姚卿和我一直都没有喜欢过人，对爱情这回事感触不深，所以对阿景的沉默并不太在意。直到有一天，阿景对我们说："二丫、姚卿，我真的无法在这里生活了。我对他所有的记忆都在这里，我怕有一天看到什么会更心痛。"

我们安慰她、鼓励她、开导她，她不发一言地听着，离开时深深地看了我们几眼，半开玩笑半郑重地说："亲爱的朋友们，再见。"

然后……她就飞去了云南。再见，再见，也不知她说的是对谁的再见。

我们十二岁时相识，经历许多年的细水长流。阿景十六岁时暗恋一个男生，姚卿和我至今单身，阿景所经历的，比我们多出一个词，叫"爱情"。

可是亲爱的，我们三个一直有一个词，共同书写了这些年，名"友情"。

少年守在糖果岸

如果要打一个比方，你会把人生中最好的那场相遇比喻成什么呢？

充满梦境色彩的童话？午夜十二点后的仙德瑞拉？还是"哦巴，沙朗嘿呦"的虐情韩剧？

要不要听我的？

一个泡泡糖。

我与顾小川的遇见就像是一个榴梿味的泡泡糖，泡泡灭了，却糊了一嘴巴的臭榴梿味。

我叫简佳，站顾诗瑶旁边的女生

布　鱼

1

我叫简佳，站顾诗瑶旁边的女生。

你猜得没错，顾诗瑶就是我们学校的沈佳宜，追求者众多。但她孤傲，不仅不搭理男生，连女生都玩不到一起，所以在我出现之前，她独来独往，没有胡家玮的陪伴，更多人说她装清高。对此，我瘪瘪嘴，不置可否。

现实和台湾小清新电影毕竟有点儿不同的，我会站在顾诗瑶旁边，其实是有目的的。因为我很好奇，顾诗瑶到底是哪里好了，竟然能让周小北那么着迷，偷看就算了，还一看就是一下午，有那么好看吗？才军训完，再白的人也晒黑了呀。

虽然我不得不承认，顾诗瑶确实比我高比我白还比我成绩好，但性格呢，她可是喜欢独来独往呢，输也要输得彻底心服口服是不？

我在食堂打饭的时候，故意排在了顾诗瑶后面，轮到我的时候，我一副忘带饭卡的委屈样子，慌忙扯住要走的顾诗瑶，"哎，同学，能把饭卡借我用一下吗？我还你钱。"

她没说好也没说不好，愣了一秒后，直接把饭卡放在刷卡机上，我点了两荤一素再加一份米饭，好了，卡还给人家，顺便一起共进午餐。

第二天一大早，我就揣了热牛奶还有面包，找到了顾诗瑶的教室，但她只同意收下我还的六块钱，牛奶和面包说什么也不要。

上课铃响了，我一副尿急的样子说："你再不收下我就迟到了，我迟到了就找你打滚撒泼。"

她大概第一次被一个女的纠缠，有点儿发愣，趁她发愣的空隙，我把牛奶和面包塞进她怀里就跑。

踩着铃声跑进了教室，还好，顾诗瑶的班级和我们班只是隔了一道墙，而不是一栋楼。

但是，第一节课下课才三分钟的时候，顾诗瑶就气喘吁吁地出现在了我们班大门口，指明了要找我。

瞧瞧我们班那一个个男的，没出息，眼都看直了。但我猜想，他们很有可能是担心顾诗瑶被我欺负了，一个个估计都做好了英雄救美的准备了，尤其是周小北，眼神怪怪的，说是兴奋吧，有点儿不像，难道是害羞了。

我昂首挺胸地走了出去，她还真像传说的那样——执拗，我给她牛奶和面包，她就一定要还给我一份蛋挞，但，不管怎么样，能让周小北看见我和她有交集就行。

我接过顾诗瑶的蛋挞，开心极了，雄赳赳气昂昂地走回教室，找到自己的位置，施施然拿起一只蛋挞，咬了一口，很是享受的样子，另一只手又拿出一只递给身边的周小北，"哎，尝尝，很香的。"

周小北气鼓鼓的样子真可爱，眼珠子都快瞪出来的样子更可爱，嘿嘿。

上课的时候，有小纸条悄悄塞过来，我假装没看见，直到对方推了推我胳膊，我才打开：下次想吃蛋挞，我给你买。

简体：关你屁事？

周体：和顾诗瑶有关就和我有关。

我有点儿生气了，一生气就爱赌气，当然也需要顾诗瑶的配合才能赌起来的气。我连续一个星期天天起早床给顾诗瑶送热牛奶和面包，换着口味送。她也真是够执着的，无论我送她什么，她都会一一送还给我，奶茶、蛋挞、薯条、汉堡……

于是，我成了女生眼中的同性恋，成了早起床的好学生，成了男生嫉妒的对象，但我更加成了周小北的眼中钉。

2

我会喜欢周小北，这一点儿也不奇怪。

青春期的喜欢往往只要一首歌的时间，或者更短，比如《初恋这件小事》里的阿水，她喜欢阿亮学长就只用了一个眼神偷看的时间。

是谁说的，前世五百次的回眸，换今生一次的擦肩而过。我想啊，我和周小北都厮混四个年头了，估计上辈子都没干别的光顾着回眸去了。而这辈子呢，显然是他已经看够我了，可我还没看够他呢。

那一天阳光明明很好，数学老师的心情却很糟糕，脸跟刮过暴风雨一样难看，据说她刚失恋了。

坐在后排的好处是你可以心安理得地走神和欣赏窗外的风景，还以为老师看不见。当时，我也是这么以为的。

"简佳，窗户外边有帅哥吗？"数学老师一句话像炸弹一样在寂静的教室炸开了，我被炸愣住了。

"站起来回答问题。"声调又提高了。

"没，没有。"那时候的我脸皮还比较薄，被全班同学一盯着看就会脸红。

"上来写这道题。"声音很急促。

我没吭声，推了推周小北示意他让个道让我走过去，他却动也不动。

"老师，周小北不给我让位置我走不过去。"我找借口，能拖一会儿是一会儿，哪怕是拉上周小北做垫背也不错。

"那好，周小北，你上来写。"这对当时我根本不会写的我来说，简直就是天籁之音啊。

周小北风度翩翩地走上了讲台，洋洋洒洒地写了半黑板，修长的手指一字一顿像画画一样好看。那一天的阳光真好，明亮亮地跳过窗户，爬到了周小北身上，耀眼极了。

"很好，跟标准答案一样。"数学老师的脸终于晴朗了一点儿。

就在数学老师详细讲解答案的时候，我发自肺腑的感谢信还没传出去，周小北的纸条就传了过来。

我清晰地记得，打开纸条的那一刻，我的心莫名地狂跳了。上面写的是：放学后等我。

但是，最后一节课的下课铃响了之后，周小北收拾收拾书包，跟着人群走了，我死命盯着他看，他却头也不回，留了一个让我想入非非的背影。

他一定是有什么惊喜要给我的吧，当时的我是这样认为的。

于是傻傻地等，等啊等，等到大家都走了，等到太阳下山了花都谢了，等到我妈拖着保安叔叔来找我的时候，我才知道，我等的人可能不会来了。

妈妈本来是焦急地骂我的，但看到我凳子上面留下的那一丝猩红后，就没有大声骂我了，还解下小开衫让我系在腰间，又带我去超市买了两包七度空间，一包日用一包夜用的，然后跟我悉心讲解，该怎么使用……

然后，我也知道了周小北的用意，他才不是想给我什么惊喜，他只是尽了他作为同桌的举手之劳而已，很明显，是我想多了，而且想多了太多。

这一想多啊，就多出了整个初中，像藤蔓，蔓延到了高中。

3

我顺理成章地站在了顾诗瑶旁边，陪她吃饭、上学、放学。

久了好像成了习惯，连看见她经过我们班门口要去上厕所，我也屁颠屁颠跟过去，然后上完厕所，陪她在窗台边吹吹风、聊聊天，羡煞一帮小男生，尤其是那个眼神总怪怪的周小北……

然后，奶茶渐渐加了冰块，热牛奶暂时被遗忘，冰镇绿豆汤上架了，时光一晃便从高一蹦到了高二。

文理分班。

顾诗瑶选了文科，离我们班又远了一层楼，在五楼。我当然是跟着周小北选了理科，又死活折腾我妈，让她找关系把我弄到周小北班去了。至少，在一个班，我还能天天见到他吧。

我们班在四楼，于是，我每次去找顾诗瑶玩，都得多跑一层了，这没什么，因为顾诗瑶也经常被我拖到楼下来，算是扯平了。

当然，我最热衷的事情一直没变，就是帮顾诗瑶物色优质花美男，没准冰山美人被感化了，周小北就死心了，然后猛然回头，发现还是我最好，嘿嘿。

"哎，快看，那个花美男不错哦，一米七八的个子，眉清目秀的，昨天还找我要你号码的。"我和顾诗瑶坐在操场草坪上吃着冰激凌。真庆幸，她终于不会在我买给她一杯冰激凌的时候立马买给我一杯冰镇绿豆汤了。

我们学校的足球场和篮球场仅仅隔了一条跑道再加一条人行道，但踢足球的人很少，于是足球场渐渐变成了篮球场的看台，我最喜欢拖着顾诗瑶来当看客了，因为周小北也特爱打篮球，他跳起来投篮的样子别提多帅了，活生生的一个流川枫。

但顾诗瑶只是"哦"了一声，吃着冰激凌头都不抬，真是傲娇得要死。

我当然得采取点儿措施了，我双手捧起顾诗瑶的头，转向美少男的方向。好样的，他刚好也抢到球了，一跃而起，准备投篮，却被一个庞然大物猛的一撞——扑街。

"唉，白夸了他那么久，不经撞。"我挖了一大勺冰激凌塞进嘴里，"哎，我说顾诗瑶，你到底喜欢怎样的男生？"

"我说我只想好好学习呢，你会不会想揍我。"

"你早就欠揍了。"我举起的手，还没打到她身上呢，就算打到身上也只是闹着玩的，不会疼的，可一只篮球就这么飞了过来，硬生生砸到了我脸上，长得好看就这么被偏爱吗。

我捂着脸，心疼自己。

那庞然大物就是化成灰我也认识，十八班的地头蛇，张扬，爱生活、爱美女、爱打架斗殴，军训的时候就扬言不把顾诗瑶追到手就不姓张，现在看来该叫他简扬或者顾扬或者周扬什么的了。

"对不起哦，小诗诗，还疼吗？"那庞然大物说话竟然也会这么哆。

恶心，被砸到的是我好吗。

顾诗瑶什么都没说，捡起球，狠狠地砸到他脸上，反问："疼吗？"美女就是好，有特权，打人家也跟给了人家赏钱似的。

张扬依旧嬉皮笑脸的，"不疼，不疼，如果……"他竟然不要脸地想去牵顾诗瑶的手。

"没有如果，我爱的人是简佳。"说完顾诗瑶牵起我的手，恩爱似小情侣，对方呆掉了。

我也呆掉了，完了完了，我同性恋的传闻就这么被坐实了，这没什么，有什么的是我担心周小北会想不开。

4

事实证明周小北没有想不开，在食堂，我又看见了他，与我和顾诗瑶隔了一条的队伍，我想跟他打个招呼，可他不知道是没有看见我还是故意装作没看见。

"小诗诗，我们去三楼，我带你去吃好吃的。"张扬的声音，真是，大得让人讨厌。

"谢谢，这里很好。"顾诗瑶冷冰冰的。

虽然我超级希望顾诗瑶这个妖孽早点儿被收了得了，但是像张扬这样的，他还配不上，"不是告诉过你，她爱的人是我吗？你去泰国整整兴许还有点儿可能哦！"

庞然大物没空搭理我，发着嗲，"小诗诗，我们走吧。"不管三七二十一抓起顾诗瑶的胳膊往三楼去。

顾诗瑶挣扎，但没挣脱，像只被拎起的兔子，委屈极了。

我刚想上前，却被另外一个声音给吼住了，"放开她！"

原来不是没有看见，而是故意假装没看见，周小北，他的眼里只有顾诗瑶，没有简佳。

"你说什么，大声点儿！"庞然大物很嚣张。

"放！开！"周小北一字一句说得很清楚，喧闹的食堂突然间异常安静，目光齐刷刷看向了楼梯转角处。

"不放呢？"

……

再狠的对话也都是跟我没有关系的对话，你一拳我一脚，红了肿了流血了，也统统跟我没关系。因为周小北的英雄救美不是为我。

后来，在周小北被庞然大物打趴下的时候，几个喜欢顾诗瑶的男生也看不下去了，一起上去了，几个人联手把张扬打趴下了，这其中就包括那天的花美男。但很快教务处老师来了，不想惹事的他们就散进人群了。是的，是我去打的小报告，打不赢当然得找后台了。

再后来，周小北被送往了医院……

看来被众多人喜欢真是一件幸运的事，就算是被欺负了，也有好多护花使者呢。我在想啊，如果是我被欺负了，周小北会不会也去玩命跟人打呢？呵呵，我想多了，我这么安全，根本不会有人愿意欺负我的。

"谢谢你，我欠你的，真的太多。"一向冷冰冰的女神竟然哭了，为打抱不平而受伤的周小北，为我喜欢的周小北。

适时地拥抱，宛如一对璧人。

她哭得像个孩子，头缠纱布的他为她擦眼泪，微笑着说，"其实，你并不欠我什么，小诗，你不用活得那么累，没有人怪过你……"

我愣愣地站病房门口，不知所措，突然间就想到了一句歌词，是五月天的《你不是真的快乐》：我站在你左侧，却像隔着银河……

<h2 style="text-align:center">5</h2>

我就这样，连恋都没恋就失恋了。心有不甘，但又能怎样。

走出病房，花美男突然跳了出来，关心地问，"哎，周小北没事吧？他好勇敢哦！"

"好得很！不过你有事了，你的女神垂青他了！"

"我的女神？谁？"

"顾诗瑶啊！别装了，不然你怎么会奋勇上前去揍张扬！"

"那是因为他实在是太张扬了啊，要个电话号码还指使我。"

"原来是个跑腿的，不妨再告诉你，你趁早死心吧，她现在看上周小北了！"我把书包甩到后背，懒得跟他废话，"你好自为之吧！"

那家伙竟然脸皮厚地跟过来，"我知道你叫简佳，但可能你还不知道我叫什么吧！嘿嘿，我叫欧阳岳，大家都叫我阿岳。"

"哦！"

"你也可以叫我阿岳的。"

"哦！"

"有没有人说过你好特别。"

"哦！"特别这个词真是没新意没创意，我早就听得耳朵起茧了，虽然是在顾诗瑶的追求者那里。

"哎，你去哪，我送你吧。"

……

花美男原来是个话痨。

但我又有新玩伴了——花美男，不，应该叫阿岳。

我们一起吃饭，一起上课下课，一起上学放学，一起走过高二走进高三，又分班，这一次，我终于没有折腾我妈了，于是，我和周小北彻底分开了，这样也好，眼不见心不烦，尤其是他那个光头，因为头被打破了，要缝针而剃了一块，于是他干脆剃了个光头，真刺眼。

分班以后，顾诗瑶倒是主动来找过我几次，但总是被我以各种理由推脱，后来她也识趣不找了，而以前她的位置，现在被阿岳代替了，当然除了上厕所我一个人去。

阿岳可比顾诗瑶洒脱多了，才不会因为没考第一就一个人生闷气，要我哄好久才肯去吃饭；也不会像她那么固执，吃了我的冰激凌就非要还我双皮奶，还说不喜欢欠人什么。

真是，别扭！在我的世界观里，朋友虽然不是一味地占便宜索取，但也不至于什么都划清界限吧。由此看来，顾诗瑶真的从来都没有把我当过朋友，就像周小北也从来没喜欢过我一样，算了，算我自作多情。

阿岳总是问我为什么一副心事重重的样子，我说哪有，我只是高三压力太大了，他没说什么，只是拉着我去学校后山，说是要看夕阳解解闷。

"喊吧，把不爽喊出来就好了。"

我说："我真喊啦。"

"来，跟我一起喊，去你的——高三！"

"啊——"我想我一定是疯了，闭着眼狂喊，"去你的——沈佳宜，去你的胡家玮，去你的顾诗瑶，去你的周小北！我——叫——简——佳——"

真奇怪，这样一阵乱喊之后，心情真的好了很多。做回简佳的感觉真好，管他周小北爱看谁，管她顾诗瑶被谁盯上了，管他们俩是什么关系。

我是真的不打算理会周小北了，不在一个班了，见面的机会也少了，有时候看见他光亮的头，远远地我就绕道走，但小道消息还是扑面而来。

听说，张扬后来又找周小北麻烦，两个人又打了一架，而屡教不改的张扬终于去当兵了，再也不会缠着顾诗瑶了，真好；听说，顾诗瑶终于不会别人给她个冰激凌她就一定要还给人家双皮奶了，也终于不会因为和第一名只差一分就一个中午不吃饭了，这太好了，她终于不用活得那么认真那么纠结了……

我听到这些，只是笑了笑，都跟我没什么关系了，因为我决定不再喜欢周小北了。现在我跟阿岳一起玩，说要和他一起好好学习，要把顾诗瑶的第一挤下来，说着，我买了一瓶绿茶，扔给阿岳，"还你，昨天太渴了，喝了你的红茶。"

"简佳，你什么时候才能不跟我这么客气？"阿岳有点儿不满。

"拿着，我可不想欠你什么。"等等，天哪，我怎么抢顾诗瑶台词了，天哪，我才不要变得像顾诗瑶一样那么爱计较，活得不自在。

6

似乎，每年高考都会有一场雨，也总会有一场雨下到了你心里。

考完最后一场，离开考场的时候，雨又下大了，我撑着伞准备离开，周小北却忽然跳了进来。

"简佳，一起吃个晚饭吧。"光亮的头已经被板寸代替了。

"抱歉，我和阿岳约好了。"我连忙挤进人群，我才不要和他多说话，还吃晚饭，你不是和顾诗瑶好了吗，还来找我干什么。

"跟我走。"一只大手扣住了我的手腕，拖着我往反方向走。

"周小北！你可不可以，不要总在我的世界里那么猖狂？"

他愣了几秒，"可以，除非我不喜欢你了。"

什么？我整个人呆掉了，我不是幻听吧。伞也不知怎么的，没抓好掉到了地上，雨很快淋湿了我们，这一场雨，下的真甜蜜。

"简佳，你还记得我爸爸吗？"

在餐厅，我正切着牛排，周小北这么突然的一问，让我放下了刀叉，很认真地回答道："记得啊，模范英雄，一个优秀的人民警察，为了救一个落水女孩儿，不幸遇难，当年全市人民自发为英雄举行追悼会。而且据说那女孩儿心脏不好，为了纪念英雄，大家还募捐了钱给小女孩儿做了手术。"

"是的，那女孩儿就是小诗……"

全世界混乱一片，我的脑袋嗡嗡作响。

终于知道，顾诗瑶为什么对自己那么刻薄又那么怕欠人东西了，终于知道，周小北为什么看顾诗瑶总是眼神怪怪的，终于知道周小北说顾诗瑶的事就是他的事了。

"可是，你喜欢我为什么不早说？"我嘟着嘴问周小北。

周小北反问："早说了，你还会好好学习吗？"

"我……"埋头吃牛排不再说话。

"说起来还是小诗教我的——将计就计呢。你看你现在成绩不很好嘛，几次统考都前十，和我们一起去A大应该没问题吧。"

A大新生交流会上。

顾诗瑶自我介绍后，掌声雷动，我紧接着站起来："你好，我叫简佳，站在顾诗瑶旁边的女生，周小北的女朋友。"

暖 冬 蛰 伏

流萤回雪

图书馆里的暖宝

周六，我裹着厚厚的衣服，缩着腿，没精打采地坐在图书馆三楼靠窗户的座位上。往外看，是学校里最大的也是最荒凉的一片荷塘。枯荷没有精神地垂着脑袋，而芦苇却又万分抒情地随风晃着絮状的枝条。我的手边摊开的是一本英语书，但是眼睛却落在了一本大仲马的《三剑客》上。在冬天，我时常这样，每次在图书馆学习着，就忍不住打开一本小说来看。

因为冬天把我的思路冰冻起来了，我很难进入状态。唯有看一会儿故事情节丰富、人物性格鲜明的小说，我才不再像窒息的鱼，才能获得珍贵的氧气。大仲马最符合我的需求。《三剑客》和《基度山伯爵》已经各看过三遍，对，都是在冬天。

有一个男孩子从我的旁边走过，又坐到了我的对面。他拿出一本《思想政治》，就做起作业来。老实说，我有点儿烦。因为这个位置阳光明媚、安静妥帖，如果是我一个人占着一张大桌子，就可以把所有的书都摊开，而现在他坐在那里，我只能把书拢到一起，还总是觉得对面有人在注意自己，这样就局促多了。

他写了一会儿作业。突然嘴巴一动一动，和我说起话来。

什么，他居然敢和我说话？这是图书馆哪。我没有听清，而且我真不想理他。

可是我还是把耳机摘下来了。

他重复："你把耳机的音量调小一点儿好吗？有些影响到我了。"

我皱皱眉头，把耳机调小一些，继续看书了。

你看，这真是很烦。

从早上八点到十一点，我快要起身离开的时候，他又嘴巴一动一动和我说话了。

我把耳机摘下来，想看看他到底还要说什么。

他说："你听的歌是小红莓的啊。我也爱听。虽然声音还是有点儿大，但我后来觉得还是挺喜欢的。"

第二天，我再来图书馆的时候，我的座位上，除了那张占座位的纸条"杜索年的座位"之外，还多了一个充好电的暖宝。

他在对面对我龇牙一笑。

那个时候，我居然觉得被他白白的牙齿晃花了眼。

金骏眉的温暖香气

我们开始在每个周末分享图书馆靠窗户的那个座位，他会给我一个暖宝，代价是他和我分享一个耳机，一起听小红莓。

每周的相遇，成为约定俗成的秘密。

我也忘了是从什么时候起，邱浩然突然成了我们班女生中的话题人物。好像是有一天在办公室，他站在语文老师的桌子旁边，闻到了老师的茶香，然后说了一句："正山小种。"成天穿着唐装自诩国学专业户的语文老师大为惊讶，让他喝了一口自己杯中的茶，然后，他的第二句是："这个档次的正山小种，喝着太舒服了，一口气冲到了鼻腔，又能绕回到咽喉。"邱浩然跟语文老师讲，他的零花钱都攒下来买茶叶了，他还喜欢铁观音，还有什么茉莉花，但是对生普洱和熟普洱着实没什么感情。

正山小种是很昂贵的茶叶，对于学生来说，完全不属于课外消费的范畴。而邱浩然告诉语文老师，他可以攒下一年的零花钱，只为买下一斤的正山小种。

这样一个有着奇怪爱好的男生，是不可能不成为话题人物的。

某天，我们班的某个女生，第N次说起了邱浩然："还是那个成天喝茶的男生比较斯文啦，不会和别的男生打打闹闹，人也很干净。"

别人这样接话："对于女生来说，还真是蛮适合和他谈朋友的，他肯定会特别听女孩儿的话。以后结婚了，也是个妻管严。"

我扑嗤一声笑了出来，"不会吧，有次他还嫌我在图书馆的耳机声太大呢！"

冬天越来越深了。图书馆的一楼居然开始卖起了各种暖和的食物。有奶茶，有开水冲泡面，甚至还有巧克力糖。我抱着暖宝，嘴巴里含着巧克力，旁边放着一杯奶茶，一动不动地缩在座位上，准备睡觉。是的，我连看《三剑客》的精神都没有了。

与此同时，邱浩然仍然穿着他那身一成不变的羽绒服，戴着一成不变的帽子，一成不变地用功。

我迷迷糊糊地看着那个有着干净模样的男生，想来想去，还是忍不住坐起来了，跟他说："我瞎问一个问题哦，如果你的女朋友，学习很糟糕，以后工作很差，你会觉得别扭不？"

"我养她喽。"他认真地说，然后笑起来。

"她脾气很不好喔。"我说。

"那我会听她的话啊。"他说。

"你今天带的什么茶？"我又问。

"金骏眉啊。"

"好香，我要喝。"

邱浩然没有迟疑，就把水杯递给我。我咕嘟咕嘟喝了起来。我没管金骏眉到底有多贵，没管是他攒了多长时间的零花钱买下来的茶叶。但是我知道，邱浩然果真以后会是个妻管严，和我们班女生说的一样，哈哈哈。

最后一次的晚安

一般来说，学校的这座图书馆是给教职员工用的，一些住宿生自习也会用，我没怎么见过走读的学生。

而且，过来自习的住宿生也比较少，基本上都是高年级的。很多学长和学姐课程紧张，为了增多一些学习时间，就把走读改成了住宿。

我为什么来这儿？还不是因为这里有大仲马。

邱浩然为什么来这儿？因为他是我们年级唯——一名住宿生。

自从我跟同学说起了"耳机事件"之后，参加谈话的一个女孩儿居然来泡图书馆了。那天，我还坐在邱浩然边上睡觉，突然，有一只冰冰凉凉的手，捧在了我的脸上，"杜索年哦，你居然在这里睡觉！"

我不大好意思，就坐起来了。这张桌子能够供四个人用，而唐格格加入了，和我们共用一张大桌子。我想了想，把耳机拔下来了。

"喂！我要听啊。"邱浩然用唇语抗议。

"是熟人，不好意思哦！"我用唇语和眼神回复。

唐格格一直低着头，奋笔疾书，没有感觉到自己的加入是多么不方便。

但是我知道唐格格为什么来，那天谈到邱浩然，她的眼神亮亮的。

"过一会儿，我和你们吃晚饭吧。"唐格格小声说。

"哎，不行……"邱浩然居然嘟哝起来，"我和一个学长约好了哦。"

"不要！去和学长说一下！我们一起和唐格格吃饭！"我几乎要

从座位上跳起来了。

我知道，没有什么"学长"，邱浩然就是觉得别扭。而我呢，可能是帮唐格格一个忙，避开我和邱浩然坐在一块儿自习的"不良嫌疑"；也可能是我觉得唐格格本身还挺可爱的，和邱浩然成为朋友也无所谓，反正，到了晚上六点半的时候，我们三个人一起出现在学校的食堂了。

我们三个人一起气氛怪怪地吃饭。我没怎么说话，都是他俩说。再后来，我一句话都不吭了，他们你一言我一语的。

再再后来，他们两个走在前面，我远远走在后面，分开了。

抬起头，看到天空下起雪来了。冰冰凉凉的碎屑，渗着橘黄色的路灯光，洋洋洒洒地落到我心里来了。我轻轻皱起眉头，又轻轻缓开。伸出一只手，看雪花落到手心里，又慢慢融化，那过程，我觉得，像一段故事被遗忘。

我明白，我不再会和邱浩然和唐格格坐在一块儿了。他的暖宝，会被我永远留在座位上。但是我觉得，没什么不好。邱浩然只是我的朋友，我们是没有芥蒂的，没有牵挂和牵扯的，这样的关系，是最舒服的一种。

然而，好朋友和好的事物一样，都是可以被分享的。当感觉到"好朋友"这个身份不再方便时，我退开，也是最好的一种方式。

我记得我以前每次和邱浩然分别时，都要说一次"晚安"，乃至演变成一种习惯。在这个雪天，在我和他俩分别的时候，说了整个高一年级最后一次的"晚安"。

免疫了的冬日病

在高考后的暑假的一天，有人突然在QQ上跟我提起了邱浩然的名字。我觉得，这个名字好耳熟啊！然后，那人说，邱浩然和我们班的唐格格去了同一所学校，他俩一直很努力地要在一起。

曾经我认为，一段往事，忘了就忘了。可是我现在才知道，有些往事，在某种情绪的作用下，能够像重新生长的藤蔓，爬上了我的整个身体。我有些想皱嘴，但是却笑了起来。我经常是这样的，每当想做什么表情，可是临到终了，大脑的反应却逼迫我做最真实的那种。

那个也听小红莓的邱浩然，那个喝正山小种的邱浩然，那个给我一个暖宝的邱浩然。我们之间虽然没有更多的交集，但是我知道，他也肯定知道，那段在图书馆里默契地念书和吵架的时光，是彼此一段非常重要的记忆。

这蝉鸣着的夏天，我坐在图书馆里，看向外面开得正好的荷花海。有新的人坐在了当年我坐过的座位上了。在那个人身上，可能会发生新的故事，而当那人毕业之后，这段故事就随他而去，直到迎来更新的人。

我抽出书架上不知道看了多少遍的《三剑客》，翻来翻去，突然从里面掉落一张草稿纸。上面还有我几年前胡乱涂鸦的数学题目。再翻开来看，反面，是另一个人的字迹：

"她在冬天里冬眠，而我也愿在青春里沉睡不醒。"

有一滴眼泪掉了下来，我明白，在以后的冬天，所有的冬天，我再也不会有冬日病了。

少年守在糖果岸

七日霜飞

1

如果要打一个比方，你会把人生中最好的那场相遇比喻成什么呢？

充满梦境色彩的童话？午夜十二点后的仙德瑞拉？还是"哦巴，沙朗嘿呦"的虐情韩剧？

要不要听我的？

一个泡泡糖。

我与顾小川的遇见就像是一个榴梿味的泡泡糖，泡泡灭了，却糊了一嘴巴的臭榴梿味。

过程没有多离奇。

况且我暗恋顾小川早已全校皆知。我以每周三次的频率出现在他上学的路上，以每三周一次的效率给他一条匿名短信，以每三月一次的策略出现在他班级窗下。就算是石猴也应该给点儿反应的时候，顾小川他终于看见了我。

那日的篮球场上彩旗飘扬，呼声震天，大长腿的妹子依然是站了一排又一排，那是代表我校的顾小川和三中"强投手"欧亚的终极对决赛。

占着主场优势，场上的妹子一边倒地都在呼喊"顾小川加油"，我趁着喊声的间隙雄壮地吼了一嗓子"欧亚必胜！"

全场突然就静了，无数双眼嗖嗖地扫向了我，包括……正横在半空中准备扣篮的顾小川。

"球进！"爆棚般的呼欢声中，中场哨声吹响。

欧亚带着队员从我面前走过，走了几步又突然回过头来，眯起眼给了我个响亮的飞吻！

全场愕然。我举着小旗正晃悠的手突然就僵了一下。

还没等我回过神来，眼前就已经黑压压地堵上来好几个人。

"三中的？"一个大个胖子问我。我摇头。

"那你脑子坏了吗？你难道看不上我们川少吗？"一个小细眼问我。

我继续摇头。

此时被人群围住的川少正拧着一字眉看着我，他站得松垮垮的，脸被太阳晒得都泛了红，然后下巴指指我，"骆奈吧？你不是追我吗？"

一瞬间我周身如遭千年老雷劈过去，直接愣了。

"你知道你那一嗓子多影响军心啊，川哥差点儿没进球！"旁边一个瘦子又插了一句。

顾小川见我装雕像，伸手拿过我手里的水，拧开瓶盖就咕咕喝了个精光。

"别想着馊点子招我注意了。"他把瓶子又重新递回我手上，看着我，"我答应了。"

什么……什么就……答应了？顾小川带着一行人走开了，我一手握着彩旗一手抓着空瓶站在烈日下，几分钟后才缓过神来。

旁边有个女生没好气地推我一把，"装什么傻啊！川少从了你了！有福了你！"

我额头的一排汗整齐地流了下来，一定是天太热了，热得连顾小川都发疯了。

2

我一嗓子成名。从此我被封号：心机女。骆奈两个字在学校论坛、人人网里的搜索破了新高，粉丝爆棚。

删了微博，离开论坛，把自己封进了真空屋。

我原本也不是什么明日新星校园热谈，我不高不美也不瘦，吃饭会被噎到，平路能摔倒，唯一一个优点是眼睛大，可近视度数却在去年一夜之间蹿到六百五。

做顾小川的正牌女友？我何必和全校女生玩儿命。

之后我便开始躲着顾小川，凡是有他身影的地方，我秒闪。之前什么匿名短信、窗下蹲守通通告停。

顾小川似乎有同样的打算，那日之后，他也从没找过我，除了球场上说过两句话，我们便再无交集。他依然引领篮球场上众多妹子的尖叫声，而我继续在六百多度的近视镜片下与题海做斗争。

失去了一个长久关注的男生，有如缺头断臂，我努力将这些抛在脑后。可当暗恋成为习惯，这东西便侵筋入骨，扼杀掉你全部生机。有时候我想，在继续暗恋和恋情曝光这两者中选，我选前者。起码在自己的世界里，可以像个横冲直撞的斗士，却不必真的伤得头破血流。

我想顾小川他应当庆幸，我的知难而退，不纠不扯。

那天从操场回来后，在所有女生鄙弃的眼神中，我像个骄傲的大母鸡，若有脚蹼我就能走出大象的气魄。

然而暮色四合，校园两排的路灯亮起来，晚自习的铃声响起来的时候，我有生以来的第一次逃了课。

空荡荡的大街上，我穿过校园拖着书包，影子那么长。

从中街一直走到广场，然后停在了一家火锅店门前，雾气腾腾的窗户里我看到一个熟悉的身影，在我看向他的时候，他也正眯起眼看向我。

我一怔，甩起书包就快步走，可事实证明我反应还是迟钝了，书包带从后面被用力拉住。

"加油妹？"欧亚一脸惊喜地看着我，火锅店里的灯光照映着他的脸，我第一次认真留意他的模样，有些混血的感觉，眼神深邃，鼻梁高挺，嘴唇有个极漂亮的弧度，好像他只是看着你的时候，你都会觉得他是笑着的。

我突然就想到了江豚……抑或是剃了毛的比熊什么的。

"附中原来没有想象中的严啊？你竟然可以逃课。"

"我……"我看他惊讶的眼神，"是啊，重点学校会有例外吧。"

"例外？你最好别说自己是重病症患者，才有特殊啊。"他笑得很是爽朗。

我耸耸肩，"像我这条件，也差不多啦。"

"那么重病患者，赏脸进来吃火锅？"欧亚热情地邀约，他一笑，一双眼就更深得让人浑身发酥。

正说着，就又从里边走出了两个男生，看到我时，眼睛顿时发光了，"哇，是她啊。你那声加油真是太霸气了！你是主场的人欸，有这种勇气……"

我……我看着眼前这三个身材比例超过凡人的男生，腿长胳膊长的人应该脑供血不足吧？怎么还能拐弯骂人呢，物种真是进化了。

"来！"欧亚见我不说话，伸手就拉住我的手腕，在我毫无准备的情况下，三个人前拉后截地就把我推进了火锅店。

于是在我人生中第一次逃课的晚上，吃了人生中最莫名其妙的一顿火锅。

3

欧亚说他妈妈是生在美国的菲律宾人，爸爸是中国人，所以他是个正宗的美籍亚裔人。

我撇嘴表示他在胡说，可是全桌的人就已经用眼神告诉我，这是真的。

于是我又在那天被罚喝了一生中第一杯白酒，一口咽下去，在所有人期待的目光下，我竟然毫无反应。

欧亚伸出了大拇指，"豪杰！你不是天天自己在家喝吧？"

我也被自己的反应吓一跳，都说蠢人知觉才麻木，看来我蠢到无药可救了。欧亚把头贴过来，"哎，你为什么喜欢顾小川？"

没被烧酒放倒，被他这一句话，呛得我剧烈地咳嗽起来。

我用纸巾捂住嘴巴，泪水涟涟中看着他，"男生也八卦吗？"

"好，那换一题，你最怕什么？"

"怕……"我迟疑了一下，"水。"所有人都疑惑地看着我。我扭头看向欧亚，"你呢？你怕什么？"

欧亚拿起我的杯添满了酒，"你猜？"

"你不是也怕水吧？"

话音刚落，桌上众人的眼神告诉我，我猜对了。我惊呆，筷子失手掉在了地上。

欧亚举起我那杯酒，仰脖而尽。他说："骆奈，你赢了。"

我大笑着摆摆手，"瞎蒙的啊。"

他却突然握住我的手，认真地看着我，"不，是你天生好命，命是蒙不来的。"

我看着欧亚的脸，听着这句话，正不知所谓。旁边一个男生就撞撞我，"他这是在追你啊！小妞！"

我白那男生一眼，"少来了你。"然后转头看向欧亚，"你也别玩儿我了！"

欧亚却一脸正经，他夹了一筷子肥牛放我碗里，然后还是那双迷人的眼，冲我一眨，"我也劝你，你最好还是信他的话。"

我刚捡起来的筷子，就又掉到了地上。

那天我们是最后一桌离店的客人，都喝得不少，一个个醉醺醺的，出了门就各自散了。

欧亚脸上像搽了腮红，他双手抄在口袋里，做了一个无家可归的表情，"你收留我吗？"

"去，别闹了。"我把书包甩在肩上在前面走起来。

他跑了两步追上来，然后转过身在我身边倒着走，"为什么喜欢顾小川？"

第二次问了，我决定给他个面子。"他应该是全附中女生的梦想吧。喜欢他就像小孩子喜欢糖果，老年人喜欢打牌。不是你选择了要去喜欢他，而更像本能吧。"

"本能？"欧亚拧下眉头，"是脑袋不清楚的盲目跟风吧。"

他竟然把我美好的暗恋说得这么简陋，我刚想反驳他，突然觉得……似乎是这么回事吧。于是我也就没说话。

路口红灯，他停下来。

"哇，你走路还看灯啊？人一生来则来去则去，不是你不想死，车就不会撞你啊。"我从他面前大步走过去，一番豪言壮语后，胳膊却被从后面轻轻拉住，"珍爱生命啊，阿姨。"

阿姨？我真是要流鼻血了。我回头瞄他一眼，甩开他的手继续走。

手再次被拉住，我皱起眉头，甩开。他又拉住。再甩，还拉。

我抬头恼火地看着他。

他的脸却突然无限地靠近了我，近到我可以完全闻到他呼吸里酒的味道。我突然就有些头晕得快要站不住。

然后他从我脖子里扯出了我的项链。

"你因为喜欢糖果所以喜欢顾小川,那么我说,我因为爱这颗水滴才接近你,你信吗?"他深深的目光里,突然邪气十足。

我有种来路不明的危机感,一把抢回吊坠,"很晚了,我回家了。"

这一次他没拉也没扯,就放任我大步过了马路。在我不知道为什么而恼火的时候,听到身后一个声音传过来。

"阿姨,我也会成为你的糖果的。"

我愤愤转身,只见路的对面,绿灯闪烁的行人灯下,他再一次眼睛笑成一个月亮的形状。

然后,又一个响亮的飞吻像长了腿似的,冲我狂奔而来。

七月的深夜,我像棵树一样愣在了那里。

4

之后欧亚他……

之后顾小川他……

对啊,我在生命的某一天同时遇到了两个可遇而不可求,可以帅到封神的男生,然后他们就砰的一声,齐刷刷地消失了。

我疑似得了幻想症。除了校服上几日后才消退的火锅味,没有一点可以证明我曾参与其中。

以前我的大脑结构很简单。三分之一是后黑板的考试排名,三分之一是我喝凉水都会粗壮的小腿,剩下的三分之一就是顾小川了。

但是在那个飞毛腿的飞吻之后,脑结构似乎发生了一些变化。原本属于顾小川的那一片海绵体,被欧亚一点点地挤进来,他仿佛是无孔不入的水,浸湿了顾小川,取代了顾小川。

我用力地甩了甩头,把目光重新放回到课本上。骆奈你怎么可以是个水性杨花的女人,你对顾小川的爱不是堪比尔康对紫薇吗?

我长吁了口气,打算下去买个肉夹馍整理一下头绪。

刚要站起来，就听到头排的女生声音尖尖地喊，"骆奈，有人找！"她故意把声音拉得长长的，引得所有在教室里自习的同学都抬起了头。

我也歪着脑袋斜着身子，肢体呈现了一个很高难度的角度，看向了门口。

然后，我抱着桌子板凳一起栽了过去。

全班哗然。

我从书堆中爬起来，拍了拍衣服，装作什么都没发生，走向了门口。

然后冲着那人一笑，"顾小川，呵呵，呵呵呵，过得还好吧？"

"你不是追我吗？"顾小川他依然站得松垮垮的，目光坦荡荡，问这种话的语气竟然就像问，你不是说好今天还钱的吗？信不信我泼你们家红漆！

我在他目光下有点儿无所适从，我搓搓脖子，清清嗓子，重心从左脚换右脚，说了一句，"嗯啊。"

顾小川换了一种惊诧的目光看着我，"那……怎么连人影都没了？"

果然，我的气场出来后，他被我吓萎了，"主要是……是我觉得这样对你也是累赘，不如就……"

"周末去游乐场吧。下周要开始准备市联赛，彻底没时间了。"顾小川直接打断我，不顾我恐慌的表情，继续说，"自己找得到吧？那就早上九点门口见，说完，他看我一眼，"有问题？"

"没……"我赶紧把头摇成筛子。

顾小川扭头走人。

我目送着他一直上了楼，才回过神来。这算是什么……王宝钏守塌了寒窑，盼回来了状元郎吗？

我吞了吞口水，为什么在顾小川走了之后，我的脑子里会出现一张完全不同的面孔？

那个混血外国人，他的周末会怎么过呢。

5

我发现自己有了另一个爱好，退出了附中的校友论坛后，我爱上三中的贴吧。然后在三中贴吧论坛的指引下，竟然找到了由他们学校女生组建的欧亚的讨论小组。

我飞快地注册了名字，在点确认的时候，出现了一个对话框。

请填上你爱欧亚的理由。

我看着那个空白的格子发起了怔。这个问题其实很轻易吧，我手指在键盘上敲打着。

"他深邃的眼。他月亮般的笑。他身上微醺的气味。他长了脚的飞吻。他……说会成为我的糖果少年。"

我点击了提交，屏幕提示，字数超限。

我看着那框子里被我填得满当当的字，原来我竟然写了这么多，对一个见面两次，吃过一次火锅，轧过一次马路，以及飞出两个飞吻的男生。

我将那些字通通删掉，想了想后，只填了四个字：我很想你。

登陆成功。

小组里铺天盖地全是欧亚的相片和视频。有手机偷拍他上课睡觉的，也有他在飞身扣篮的，还有他安静地坐在学校礼堂看电影的，更好笑的是，还有几张是他坐在家长之中，给自己开家长会的。

等下。我将那张相片放大，在一群中年人当中，他坐在那里，目光沉静。完全不像是那日所见到的模样。

为什么我的心里会有一种莫名的感觉，此时此地的他，才更像是真正的他。

相片后面的跟帖很多。

"听说欧亚父母都在国外，不知道他为什么会跟着奶奶在国内上学。"

"可能他不喜欢美国人吧，白人有什么好的，欧亚的麦色皮肤多漂亮啊。"

"可我在学校档案里，也没有见过他父母的联系方式和家庭住址等任何信息啊。"

最后一个回复让我不禁疑惑起来。莫非欧亚是离家出走的叛逆少年？

我重新看着欧亚那张相片，不由得地伸手触摸屏幕上他的发，他的眼，他的鼻和唇。

已经整整半个月。欧亚，你的心里有想起过我吗？

我正发着呆，就看到屏幕上方闪烁起一个提示，您有一个新消息。

我疑惑着打开来，署名Vincent，只有一行字。

我也很想你。

名字的签名图是一颗水滴状的吊坠，我坐在电脑前，眼泪没有任何征兆地落了下来。

周末如约而至。

与顾小川约会的这一天，我竟然还差一点儿睡过头。我要检讨，我是有多不珍惜川少给我的这次机会。

飞快地起床，洗脸梳头，套了一身运动服就出了门。

结果98路公交车刚走了两站就罢工，司机师傅一个急刹，向车里望了一眼，淡淡地说了句，"都下去推车吧。"

我低头看了一眼时间，好吧，已经迟到半小时了。

我跟在人群后面下了车，在整齐的号子声中正推着车，突然一辆火红色的机车七拐八绕地停在了前方。

头盔一摘，露出一颗精致的小脑袋，那人回头的瞬间，公车启动了，滚滚浓烟扑在我的脸上。

我自烟雾中看着他。

他哈哈地大笑起来，笑得身子都直不起来。人们都纷纷上了车，车子缓缓开走。

只有我还站在那里。再次看到这个混血外国人的时候，我才知道自己有多想念他。我看着他，看着他，眼泪就突然整片地扑洒下来。

欧亚再回头时，猛地收住了笑，他一脸错愕地看着我，赶紧从车上走下来，手指揉揉我的头发，"你……还好吧？"

泪水挡住了所有视线，他的脸渐渐模糊，我站在那里傻傻地像个迷路的小孩儿。

他拿袖子把我的眼泪一把揩掉，然后笑得好宠溺，伸手将我揽进了他怀里。

他身上的皮衣带着太阳的温度，热浪般的袭击了我的脸。

我只听到他声音低低的，"喂，你是阿姨啊，你怎么能站在大街上哭得这么凄惨呢。"

6

那个周末的早上，我果真爽了约。我真是帅爆了，我竟然放了顾小川的鸽子。

坐在欧亚的机车上，我从后视镜里看着他的脸。

我开始相信那些偶像剧。那些一见倾心，再见要命的桥段，虽然没那么夸张。但是如果有一天你也像我一样，只是看着一个人，就会有眼泪轻轻落下来。

你并非忧伤，你并非惊喜，你的心像深深的湖水一般寂静，可你知道，那整潭的水已经灼热得快要到沸腾。

车子在潜水中心停下来。

"在你们的论坛里，听说你是全校唯一拥有潜水证的学生，我们不是都怕水吗？一起克服吧。"他笑盈盈地看着我。

我脑海里突然出现了曾经的一幕幕场景，我突然就向后退了一步，"今天……今天还是不要了。"

"骆奈，人总要向前走对不对？"他伸手握住我，"有我陪着你啊。"

我看着他满是期待的眼神，咬住嘴唇，挣扎再挣扎之后，我对他点了点头。

换潜水服，穿脚蹼，与欧亚并肩站在了潜水会所的沙滩上。

前方十几米处就是专业级下海口。十年前，我曾跟着爸爸无数次从这里下去，在五彩斑斓的珊瑚和鱼丛中穿梭。

直到发生那件事后我们便再也没有来过。而我的医嘱里每一年都在反复着几个字，不要再下水，不要再回忆。

可是今天为了欧亚，为了想和他共同克服恐惧，我还是站在了这里。

一个外国教练跑了过来，交代了一遍注意事项，大概是说他们有专业的人员会跟在后面，若有任何不舒服，举手示意即可。

然后冲着我们伸了个大拇指。我知道，一切都准备就绪，我们可以下水了。

欧亚帮我戴好设备，两个人一步步地走近下海口，他冲我点点头，然后深呼一口气，一头栽进了水中。

我心一沉，身子向前倾，整个人就扎入了水中。茫茫海水中，我大力地呼吸着，胸口仿佛被大石压住，背上那整整一罐的氧气都让我觉得呼吸艰涩。

然后一只手紧紧地握住了我，带着我向前游。面罩下，我只能看到欧亚的眼，那里边满满的都是信任。于是我试着放松身体，努力控制着呼吸的节奏，游了几百米后，终于看到成群的珊瑚和鱼丛在我们周围环绕着。

我周身的恐惧在那一刻里全部消散，我又一次融入了大海，成为了儿时梦想中的人鱼。

欧亚松开的我手，我们一前一后地进入了一片浅珊瑚区，我小心翼翼地蹬着脚蹼，避免碰到珊瑚，欣赏着鱼群从身边滑过的乐趣。

突然，脚好像被什么东西勾住，整个身子都停了下来。我用力地挣扎了一下，依然纹丝不动。是脚蹼卡进了珊瑚的缝隙之中，我在水中摆直了身子，双手用力地拉动脚蹼，却丝毫没有用！

突如其来的恐惧感再一次席卷我全身，我挥动着手臂，使劲儿扑打着海水，试图让一边的欧亚能看到我。

他游出去了好长一段时，才回了一下头，看到我立在这边，飞快地游了回来。

我指指脚下，做了一起拔出来的手势，可是欧亚却没有动。

我以为他没有明白我的意思，便又做一次手势，他靠近了我，伸手扯下了我脖子里的项链，然后身子向后一游，在几米远外静静地看着我。

怎么回事？我的脑子顿时一片空白，我看着面罩中他的眼睛，那双深邃而迷人的眼，此刻突然变得疏离而陌生。然后他的身子慢慢地向后退，一点点地远离我。

氧气瓶的红灯提示已经开始闪烁，我更加用力地挣扎着身子，大片的鱼丛被惊走，飞快地从珊瑚中逃离，在一丛丛五彩斑斓的鱼群中，欧亚越行越远……

135

7

报警声持续，氧气不足的灯明明灭灭。

我已经放弃了任何挣扎。或许早在十年前，我就已经沉没在大海之中。

如今只是上天多赏赐了一些时间与我，可到底它还是会拿回去的。

此时此刻，我的心反而静了，不再想着求救，不再奢求生还，即便我不知道欧亚他为什么会走，但是在他拿走我项链的那一瞬间里，我想我终于知道他为什么来到我身边了。

欧亚，十年前A市海洋公园缆车电缆断裂事故中，那个唯一失去双亲的男孩儿。

回想起论坛里那个签名图和那句回复，我才知道，原来他的英文名是叫Vincent。

水滴状的吊坠里边，有串小小的字母排列，我却一直以为并没有什么意义。

原来我们的初见并不是一周前的篮球场，而是十年前的A市海洋公园。那年我们都是七八岁的模样，在缆车的入口处我捡到了这个吊坠，在他父母领着他一个个地问着游客，有没有人捡到吊坠的时候，我坚定地摇了摇头。

一百三十名游客欢天喜地地逐个登上了缆车。半小时后，电缆断裂，长长的一串缆车一瞬间里像被命运抛弃的棋子，坠入深海。

救援持续了一天一夜，我们一家三人趴在一块木板上，等待到筋疲力尽。终于看到了救援船只的灯光。

一百三十人，伤者一半，遇难五人。

我们被安置在海洋公园的广场里，我披着毯子瑟瑟地坐在妈妈怀里，然后看到那个混血男孩儿，他全身滴着水，在生还者中一个个地寻找着他的父母。

我们在当天夜里乘飞机离开A市，送行的工作人员说，你们一家三口真是奇迹，救出你们的时候是宣布救援结束的最后一刻，若不是看到小女孩儿胸口上的吊坠，在探照灯下反出的亮光，我们的船就真的打算回去了。

回程的航班上看到了关于事故的新闻，遇难的五人中，包含一位中国男子和一位美籍亚裔女子，而那天是他们儿子八岁的生日。

氧气越来越稀薄，我的双眼也越来越沉重，我闭上了双眼。

突然有一股水流向我涌过来，猛地睁眼就看到了飞快游回来的欧亚，他扶住我的身子，拿出刀子用力割开我脚蹼与珊瑚缠住的带子，然后拉起我，迅速地向上游。

几分钟后，我们浮出了水面。

摘下面罩，我大口地喘息着，缺痒的状态让我有些意识模糊。缓了几分钟才好转一些。

欧亚已经游到了岸上，我在水里大声地喊着他，"为什么还要救我？"

他脱下装备，扔了一个救生板给我，便头也不回地向前走。

我拼尽全身力气，拖着救生板上了岸，然后大步跑上去拦住了他，"是我的错，如果当年我肯把吊坠交出来，或许你的父母就都可以得救……刚才在水里也完全是个意外，我被珊瑚卡住，你完全可以不回来。到底为什么？"

"你终于想起来了。"他静静地看着我，"当我听救援人员说起你一家人得救就是因为这个吊坠时，我发了疯地想要找到你，我一度觉得就是因为你拿走了属于我的东西，才会害得我失去父母……"欧亚低下头去，"可我刚才看到你卡在珊瑚里的时候，我突然觉得这些年一直想要复仇的想法好傻，"他苦涩地笑出来，"我不能再眼睁睁看着你也沉入大海，所以我返回来救了你。"

"欧亚……"我不知道还能说什么好……我握住他的手，眼泪更多地掉下来，"对不起欧亚……"

他深深地呼了口气，"有时候我也在想，如果那一天我没有就丢失那个吊坠，它依然在我脖子上，那么救援队员就真的一定会救起我们吗？或许，你才是那个天生好命的人吧。骆奈，我恨了这么多年，恨我自己，也恨你。可是如今我累了，我不想再这样过下去了……"

我看着他那张悲伤的脸，一颗心拧痛得几乎无法呼吸。

"我们不要再见面了，只有这样才能让我慢慢放下之前的事。"欧亚抬头，目光里尽是悲凉。他甩开我的手，从我身边走开了。

我呆呆地站在那里，泪水如倾泄而出的洪水，在模糊不清的视线里看着他越走越远，直到消失不见。

我知道，这是终了。是我和欧亚应该有的结局。

只是欧亚，如果我也同你的父母一样在那场意外中死去，你的心里，会不会好受一些。

而我，从来都不是那个天生好命的孩子。

8

两个月后。

我站在教导处的窗外，阳光洒在脸上，暖暖的感觉。

顾小川站在我旁边，拎着我在这个学校的所有家当。水杯，书包，画板，游泳衣，棒球帽。

他依然站得松垮垮的，他说："骆奈，你会不会有一天，也把我给忘了。"

我扭头看着他，笑得痴痴的，"会，所以你最好天天都来看望我才好。"

他转头看向不远处的操场，他低低地说了声，"好怀念被你暗恋的日子，手机里的短信和你在教室外的张望，像是老师的布置的作业一样，都成了我的生活习惯。"他长叹了一声，"被你那么追过，好像其他女生都走不到心里了。"

顾小川飞快地转过脸去，可我还是看到他脸上滑的那一行泪水。

我伸手大力地拥抱他，像拥抱亲人一样，我说："我还是喜欢你啊，像喜欢兄弟姐妹般喜欢着你。"

我的眼泪落在了他的肩上。

那个夏天就这么匆匆过去了。

在别人办入学的时候，我办了退学。拿回了属于自己所有的东西，从学校转向了重症病房。

其实，那次A市海洋公园的深度溺水事件后，我就得了慢性脑萎缩。

事故两年后的体育课上，我突发性晕倒。被送入医院后，CT片子清晰地显示我的脑组织体积在减少、脑室在扩大。这将表示，我会慢慢淡忘很多事，很多人。我会在上学的路上，或者回家公交上突然晕倒。我还会开始厌食，多好吃的甜点和糖果都会让我呕吐。我更会头发脱落，牙齿松动，还可能一夜之间要重新用上尿不湿。

所以我因为病情可以随意逃掉晚自习，因为感知麻木而喝酒不会醉，因为生命早已只剩倒数，我从来都不会在意街角的红绿灯。

可是欧亚，这所有的一切我都可以不在意。我不怕变丑，不怕成为怪物，甚至不怕永远躺在床上心跳血压正常，却已经形同一株植物，慢慢迎接枯萎。

我只怕，被你看到我这副鬼模样。

医生说或许手术有五成的机会可以让我恢复。

我在病房的门缝时看着爸爸签下同意书的时候，手指颤抖到无法整齐地写下名字。

我回过头来，也哭了。

我不是哭自己将要走了，而是我突然想到，小小的你孤独地送走父母，那个时候，你有没有哭呢。

女生们为你建的那个讨论小组，真的很有趣。我虽然见不到你，可你的相片却天天被人传上来。

我看到你和男生打架，眼睛都被揍青了，可是她们说，被你打的那小子，他都住院了。

她们还说，你带着小组打进了全市联赛，连顾小川都被你秒杀了，相片上的你满脸汗水，球衣都歪到一边。

可是我还是想说，你依然是我见过最漂亮的男孩子，没有之一。

我在那个网站里设置了一个自己的空间，起名叫Luna的花房。每天复制来一些漂亮的句子和笑话什么的。

虽然有够无聊，但是总觉得这样就离你很近了呢。

访客里的陌生人渐渐多了起来，有叫苏姗的有叫杰克的，可是我从未见过你，Vincent。

2013年3月19日凌晨5点10分。

我发表了可能是我人生中最后一条状态。

但愿天堂门敞开。

但愿我不再醒来。

Vincent，说好的再也不见，我终于做到了。

尾声

手术倒计时。

我被全副武装地从病房里推出来，主刀医生握住我的手，他说："孩子，加油。"

我对他笑笑，"加油。"

我看到爸妈扭过脸去，泪水掉了一地。

我握住了他们的手。

就在我马上被推进手术室的时候，走廊里响起了一阵急促的脚步声，我从病床上坐了起来。

是顾小川。

他拿着一个盒子飞快地跑到我面前，然后大口地喘息着，他说："骆奈，你一定要打开看。"

我疑惑地接过来，打开那精致的盒子，然后我呆住了。

一颗水滴状的吊坠静静地躺在那里，而里边的英文字母变成了：Luna。

在吊坠的下面放着一张纸条，写着一行字。

"天堂不会接受你，而我在等你——Vincent。"

路上有惊鸿

　　楚惊鸿听到最后一句，猛地回过神，她明明是来声讨这个人的啊，为什么最后变成了要当这个人的模特？等她追出小花园，准备再找路天然理论理论时，整个展厅已不见他的踪影。楚惊鸿气急败坏地跺跺脚，只能认命地攥着照片离开。

　　彼时，路天然正心情大好地逛着校园，西沉的太阳退去白日的灼热，将整个校园都染成淡金色了，路天然看着看着便笑了。

　　他遇到楚惊鸿的那天，似乎也有这样带着暖意的阳光。

牙套姑娘的微笑会发光

影子快跑

1

牙套姑娘叫周雨彤，她成绩中等，其貌不扬，坐在第五组倒数第二桌，是所有学生中最容易被忽视的那一类。不过，周雨彤倒是恨不得在暑假前的三个月内都变成透明人，因为上个周末，牙齿有点儿参差不齐的她在妈妈的恐吓下戴上了银闪闪的牙套。为了隐藏这个秘密，教室里的周雨彤总是小心翼翼地沉默，小心翼翼地说话，就连笑容也被她小心翼翼地抑制。不幸的是，就在她小心翼翼地度过了三天加八个小时后，无人知晓的牙套姑娘周雨彤，突然得到了一个"牙套妹"的绰号。

那是星期四上午第二节课的课间，坐在周雨彤后面的男生蔡东明百无聊赖，便用原子笔戳了一下周雨彤的肩膀。周雨彤回过头，蔡东明问她："你知不知道，北极熊为什么不吃企鹅？"这么幼稚的IQ题，周雨彤当然知道：因为企鹅在南极。就要说出答案时，对自己露出牙套的问题高度敏感的周雨彤发现，"企"和"极"字的发音，很容易暴露自己的牙套，于是她抿了抿嘴，小心翼翼地说了一句："不知道。"

由于周雨彤的发音含糊不清，本想嘲笑她智商不够的蔡东明转移了重点，他说："咦？你是大舌头吗？"

周雨彤当然不让他误会自己有这种缺陷，马上理直气壮地反驳道："你才是大舌头。"

"咦？"目光敏锐的蔡东明又发现了什么，再次转移了他的重点，"原来你戴牙套了啊。哈哈哈，牙套妹。"

周雨彤惊慌失措地捂住嘴巴扭过头，蔡东明竟然凑上来，问："哎，戴牙套是什么感觉啊？刷牙的时候要不要取下来？"

周雨彤不理会他。

蔡东明却不依不饶："要戴多久呢？吃饭的时候应该不用取下来吧？"

周雨彤捂住耳朵，可蔡东明的声音还是钻进来，"好奇可是双子座的本性啊，牙套妹你说一下嘛……"

周雨彤生气了，回过头冲蔡东明吼道："不要叫我牙套妹！"

蔡东明被吓了一跳，全班同学的目光一同向他们聚集过来。周雨彤反应过来时为时已晚，这下她真的要做"牙套妹"了……

2

回到家，周雨彤开始向妈妈抱怨戴牙套的种种烦恼，比如嘴巴感觉不自然啦，吃东西很容易塞到缝里啦，总之除了不想被别人叫"牙套妹"之外能用的理由都用了，结果妈妈只是冷冷地回答了两个字："不行。"周雨彤绝望不已地回到了卧室。

"牙套妹"就这样成了周雨彤的绰号。一来到教室，捧着作业本的数学课代表就喊："牙套妹交作业啦。"第一组的男生隔三岔五地使唤她："牙套妹，这边的风扇开一下。"还有蔡东明总是用原子笔戳周雨彤的肩膀，问各种各样的幼稚IQ题：什么东西越洗越脏？太平洋中间是啥？……当然周雨彤再也不理会他了。蔡东明很无趣，沉默了一会儿又说："牙套妹，我告诉你喔，戴牙套的人，笑起来可是会发光的，是不是超厉害……"周雨彤还是毫无反应，蔡东明终于失去了兴致，在座位上自言自语地嘟哝，也不知道他说什么。

从来都是一个人低着头默默走路的周雨彤突然变成了大家都认识的"牙套妹"，这让她感到不知所措。她习惯了躲在角落里，安安静静地上课或发呆，现在她却因为"牙套妹"的绰号成了班里具有切实存在感的一员，好比墙角里的一朵花突然被移到了花盆里，新的土壤反而令她不敢盛放。

花盆里的周雨彤变得更加沉默了，好像她连说话的权利也被剥夺了一样。被一种叫自卑的东西。

有一次语文课，王老师点名背诵《逍遥游》的课文段落，周雨彤在心里不断祈祷，但还是清清楚楚地听到王老师喊出了"周雨彤"三个字。周雨彤一边缓慢地把身体抽起来，一边紧张得发抖，她把发抖的双手藏在身后，努力了很久才把嘴巴张开，声音一颤一颤地背："北……北冥……北冥有鱼……"

"嗯？不会背吗？"王老师和蔼地问道。

周雨彤想说：老师，我会的。但不知怎么她喉咙好像被堵住了一样，就是发不出声音来。

王老师又说："你坐下吧，回去加油背出来哦。"

周雨彤却突然哽咽了，她再也抑制不住，"哇"地大哭了起来，边哭边说："老师我会背的，我真的会背……"

王老师吓坏了，走下来安慰她："雨彤怎么啦？老师不是责怪你呀。"

"我，我……"周雨彤用手背擦掉眼泪，抽咽着说，"我不舒服……"

全班同学看得目瞪口呆，第五组最后一桌的蔡东明却紧紧地咬着下唇。

那一刻，他多希望自己能够握紧牙套姑娘颤抖的手，跟她说一声对不起。

周雨彤又回到了墙角。自从上次语文课后，没有人敢叫她"牙套妹"了，就连百无聊赖的蔡东明也不再用原子笔戳她的肩膀。第五组倒数第二桌的周雨彤，继续躲在角落里，安安静静地上课或者发呆。

她终于摆脱了"牙套妹"的绰号，可是她却无法感到高兴。有时她会一个人在卧室里，对着镜子硬生生地扯出一个微笑。她在镜子里看到了自己的牙套，银闪闪的。她问自己，"牙套妹"真的是那么无法见人吗？她不知道，但她却越来越频繁地忘记牙套的存在，仿佛牙套本来也是她身体的一部分。

数学课代表还是会向她催作业："雨彤，你的作业呢？"第一组的男生依然朝她使劲儿地挥手："周雨彤，拜托开一下这边的风扇。"然而，蔡东明却好像变了一个人似的，变得总是小心翼翼地保持着沉默。

一个星期后，王老师主持了一个主题班会，让同学们聊一下过去的自己以及现在的变化。就在周雨彤紧张地祈祷不要被点名的时候，蔡东明却积极地举起了手。

蔡东明走上讲台，清了清嗓子，说："大家可能不知道，初中的时候我身高只有一米四，绰号……豆芽菜……"

"哈哈……"大概因为蔡东明平常是一个嘻嘻哈哈的人，同学们都肆无忌惮地发出巨大的笑声。

王老师喝止后，蔡东明继续说："那时候的我比女生还矮一个头，根本不敢和别人说话，因为当我抬起头看着别人的眼睛时，我的心就告诉自己，我很矮，只有一米四……"

教室渐渐安静了下来，只有蔡东明在慢慢述说："但是，当我的小伙伴们热情地邀请我加入篮球队之后，我才发现，原来身高的缺陷只有我一个人在意而已，我的小伙伴们根本就不会因此嫌弃……"

周雨彤抬起头，发现蔡东明正注视着自己，她又默默地低下了头，因为眼角有泪。

原来她从未被忽视，只是她把自己躲了起来，她忽视了自己。

这时第一组的某个男生打断了蔡东明的话，他说："请问你吃了什么从一米四飙到一米七的呢？"

"哈哈哈……"全班大笑。

蔡东明的表情却很认真："最后，我还要向一个人道歉……"

"我不应该不顾及你的感受，给你取外号……我简直就是一根没脑的豆芽菜，希望你能够原谅我……还有，你笑起来很好看，我想把我的人生信条送给你，"蔡东明突然说了一句TVB剧的著名台词，"做人呢，最重要是开心。希望你能笑口常开。"

4

蔡东明回到座位，周雨彤用手背擦掉了泪痕，回头问他："小明有三兄弟，老大叫大毛，老二叫二毛，那老三叫什么？"

蔡东明愣了一下，周雨彤别过脸说："答对了才可以原谅你。"

蔡东明突然笑了："这种IQ题怎么可能难得到我，老三当然叫小明啊！哈哈哈哈……"

"Bingo。"周雨彤笑着向他伸出了和好的手。

牙套姑娘的微笑使她的牙套暴露无遗，但她的笑能够发光，这让豆芽菜觉得超级厉害。

路上有惊鸿

浅悦幽然

1

路天然转过身时，恰好看到楚惊鸿分江辟海地从人群的那端往这端走来，以他2.0的视力，甚至可以看清楚惊鸿眼中的怒火蹿了几寸，阴郁了一整天的心情，莫名地愉悦起来。路天然放下手中还在整理的一摞照片，跟身边的同学打了声招呼后，挪步绕到了展厅后面的小花园。很快，身后便有人追过来。

"喂，同学，等一下，对，就是你。"

路天然快速地调整了一下表情，回头道："同学，有什么事吗？"

"这些照片，是你拍的吗？"来的人是楚惊鸿，连声音都带着火气。

路天然抱着手臂，看着楚惊鸿鼓着眼睛兴师问罪的模样，竟有些想笑。强压住心头的笑意，路天然不动声色地瞟了眼，确定照片都是刚刚他放在前面展台上的那些后，摆出一张人畜无害的表情，反问道："这些照片有什么问题吗？"

"照片是没问题，可你拍的都是我的照片，没有经过我的同意，你这是严重侵犯了我的肖像权。"楚惊鸿皱着眉，字字控诉。

"我把你拍丑了吗？"路天然一挑眉毛，抛出另一个问题。

楚惊鸿愣了三秒，随后低头看了看手中的照片，实诚地回答，"那……倒没有。"

路天然眯了眯眼，声音带着蛊惑，"同学，你应该也很喜欢我拍的这些照片吧？"

这些照片不论是光线、色彩，还是角度，几乎每一张都抓拍得很到位。照片上的人，更美到了一种极致，路天然绝对有自信，在楚惊鸿看到这些照片之前，肯定也从来不知道，她自己还可以那么美。

果然，对面的楚惊鸿点点头。

路天然扬起嘴角，再接再厉道："学校这次摄影大赛，对于我们摄影系的学生来说至关重要，如果能获奖，自然最好，如果不能，也起码有了一个展示自己的机会。而获奖的关键，就是选择一个什么样的主题，以及如何利用合适的照片来凸显这个主题。主题我已经想好了，但是我缺少一个模特，我觉得你特别合适，我想请你帮我这个忙。"

"为什么是我？"楚惊鸿睁大眼，相当惊讶。

"听说一等奖奖金是一万块……"路天然微微探过身靠近她，压低嗓音，伸出手指比画着，"如果我们能拿奖，五五分怎么样？"

"可是……"楚惊鸿有些动摇。

"相信我，有时间我们讨论讨论，争取拿第一。"路天然循循善诱，趁着楚惊鸿还在恍神的状态，一锤定音，"既然你不反对，那我们就这么决定了。"说完立马转身，等走到门口，才又回头补充了一句，"对了，这些照片你是在展厅拿的吧？你喜欢我全都送给你，反正我还有。"说完，也不等楚惊鸿反应，便扬长而去。

楚惊鸿听到最后一句，猛地回过神，她明明是来声讨这个人的啊，为什么最后变成了要当这个人的模特？等她追出小花园，准备再找路天然理论理论时，整个展厅已不见他的踪影。楚惊鸿气急败坏地跺跺脚，只能认命地攥着照片离开。

彼时，路天然正心情大好地逛着校园，西沉的太阳退去白日的灼热，将整个校园都染成淡金色了，路天然看着看着便笑了。

他遇到楚惊鸿的那天，似乎也是这样带着暖意的阳光。

2

楚惊鸿是个奇女子。

路天然第一次见到她时，就有了这样的认知。不过，这可不是什么褒义词，用路天然的话来说，这姑娘白瞎了一副林黛玉的身躯，骨子里就是一个慢半拍的女汉子，但这并不影响路天然对她的好感，相反，路天然还相当欣赏她。

事情的起因，要从他去月麓山写生说起。

月麓山虽说是洛迦市的招牌景点，但距离洛迦市有七百多公里，且山路崎岖，这就决定了路天然只能跟着半自助的旅游团出行。客运站人山人海，路天然一大早就背着包和相机去排队。等他千辛万苦找到导游，爬上那辆即将带他去月麓山的客运车上时，车门口忽然骚动起来，这骚动还隐隐有越演越烈的趋势。

本着热闹不看白不看的心态，路天然兴冲冲地扒开人群，刚挤到门口，就看到整个骚动过程中最精彩的一幕——一个娇小的绿衫姑娘将一体积比她大一倍的彪形大汉过肩摔倒在地。整个动作利落流畅，连看惯了武打片的路天然都忍不住拍手叫好，周围更是欢呼不断。很快，那个被放倒在地的扒手就被赶来的警察带走了，大家也就各归各位，慢慢都散了。只是叽叽喳喳的议论还没停，而路天然就在这议论声中搞清楚了事情的经过。

无非是车站人多，扒手失手，遇上了对手。

只是，这个对手未免也太"柔弱"了点儿吧。路天然一边摆弄着手中的相机，一边回想着刚刚惊鸿一瞥的娇小背影。等他将调试好的镜头举到眼前，看到镜头里此时不该出现的人影时，猛然停住了动作。先前的绿衫姑娘此刻就站在几步远的车道上，微微仰着头，似乎是在找属于自己的座位。窗外的阳光斜斜打进来，落在姑娘身上，给她镀了一层毛茸茸的金边，微风透过窗户拂起姑娘发丝的那一瞬间，路天然只觉得整个世界似乎都被按下了静止键，只有那个姑娘唇齿轻扬间，漆黑的眼眸流转着动人的光彩。

路天然手一抖，下意识地按下了快门。等那个姑娘放好东西坐下时，路天然才回过神来。刚刚那姑娘是在对身边给她指位置的人道谢，而她的座位，就在他的右前方。路天然看得很清楚，姑娘的脚边靠放着一个黑色的画板包，包上名签处贴着"楚惊鸿"三个字。

路天然看着手中相机里那张抓拍的照片，意识到她跟自己一样准备去月麓山写生时，心里竟生出些微的欢喜。

楚，惊，鸿。路天然念叨着这三个字，轻轻笑了，这可真是个好名字。

半自助的旅程有一点好处，就是到达景点后，可以自由安排活动。一连几天，楚惊鸿都像是做足了功课般，刚一到达目的地便收拾好东西，背着画板出门写生去了。每到一处风景秀美的地方，楚惊鸿都会停下来摆好画板画画，有时候是写生，有时候是素描，有时候，她就只是单纯地望着山水出神。

路天然也没闲着，一直悄悄跟在楚惊鸿身后。有时候拍风景，有时候拍楚惊鸿，近景，远景，侧面，背影。拍得多了，路天然恍惚会生出一种错觉，镜头里，专心画画的楚惊鸿仿佛跟眼前的风景融为了一体，竟让他心生敬畏，不敢打扰。

他终于明白，为什么最开始，他并没想过要去贸然认识楚惊鸿，因为，他想让这个独一无二的女孩儿记住他，让她的眼里，只有他。

三天两夜的旅程，因为楚惊鸿的出现，显得格外短暂，一直到坐上回程大巴时，路天然才略略收回心思，一个计划也渐渐在他脑海中成型。

回到学校之后，路天然便开始着手实施这个计划。第一步，便是让楚惊鸿来找他，哪怕不惜激怒她。

路天然将相机里的照片全部整理完毕后，挑选出最满意的二十张加工精修并洗印成片，趁着系部里正在筹备的摄影展，拜托相熟的学长开了个专栏，专门展出这二十张照片。摄影展是针对全校开展的，为了确保楚惊鸿能看到，路天然还特意写了张邀请函，以学生会的名义寄发给她。

展出那天，和预料中一样，相当热闹。虽然整个展厅百来个展台中不乏以人物为主的作品，但路天然的那二十张极具个人特色的照片，仍然引起了大家的广泛关注。每一张照片，都能让人感觉到不同的美感，明明是同一个人，却又各有不同。如果说，照片里的女孩儿很美，不如说摄影者鲜活地捕捉了这个女孩儿最美的时刻。很快，大家纷纷开始猜测照片里的女孩子是谁，一时间展厅里人声鼎沸。

路天然站在展台边，偶尔会跟过来攀谈的同学闲聊两句，但视线却一直没有离开人群。等到展览快结束时，路天然才收回视线，有些失望地开始拾掇展台上的照片。

"咦，那个女生长得真像你照片里的女孩子。"旁边不知什么时候传来学长的惊呼声。

路天然抬头，就看到了越过人群而来的楚惊鸿，像是一团燃烧的火焰，明亮耀眼。

扬起嘴角，路天然满意地开始实施计划的第二步——游说楚惊鸿成为自己的模特，协助自己完成摄影比赛的参赛作品。

显然，第二步也完成得很十分顺利。

路天然摸摸下巴，结束回忆，心情舒畅地从学校绕回宿舍。

洛迦学院的宿舍楼分布是递进式的，靠近教学楼的前半边是女生部，后半边才是男生部。路过女生宿舍楼时，恰好碰到有人抱着一束花在某栋女生楼下大声背诵着《你见或者不见我》，高亢的声音，恨不得将天上的鸟儿都给震下来。路天然暗自觉得好笑，大学里男生向女生表白的方式层出不穷，但这种……明显是最没技术含量的。

书上说，欲速则不达。书上还说，工欲善其事，必先利其器。路天然认为这两句话很有道理，于是在跟楚惊鸿商定好模特事宜后，路天然并没有急着去找她，反而开始认真地研究着比赛事项。闲暇时，他也会靠着窗户看看那个已经连续在女生宿舍楼下的诵诗五天的少年，而猜测他是否能告白成功，成了路天然唯一的乐趣。

这样的状态一直持续到楚惊鸿的电话打来。

4

男女生宿舍都是禁止异性入内的，学校为了方便学生们交流感情，通常会在宿舍旁边开辟一间会客室。路天然接到楚惊鸿电话的时候，正在倒腾手中关于摄影比赛的初步策划书。等他按照楚惊鸿的描述找到那间会客室，才发现，会客室距离诵诗男不过百步远。

没一会儿，楚惊鸿戴着帽子口罩，左躲右闪地从门外闪了进来。看着她紧张兮兮的样子，路天然竟然也跟着紧张起来。

"怎么了？"路天然压低声音，打量着眼前的人。几天没见，楚惊鸿似乎有些改变。

"没事。"楚惊鸿左右看了看，确定周围没人后，才摘下口罩，"你不是说要我配合你弄那个什么摄影比赛吗？等了几天你都没找我，说吧，我该怎么配合。"

路天然也没深问，只将准备好的策划书放到她面前，解释道："摄影比赛是两个月后，我的初步打算是拍一组故事性的主题照片，这是剧本，主题故事我放在了最后，你可以先看看前面的分镜画面解说。"

楚惊鸿低着头翻看着手中的策划书，半晌后赞叹，"这个故事真不错。"

当然不错。路天然有些得意地在心中附和，等视线落在策划书封面上的比赛要求后，那些被刻意遗忘的顾虑又重新浮出心头。故事没错，主题表现法也没错，但是要想利用这个获奖，却还是很有难度的。毕竟这是一场人才辈出的比赛，这个主题稍显庸俗，路天然并没有信心靠这样的主题来征服评委的眼球，只能希冀后天技术弥补主题的不足了。

"你若是准备好了，可以随时喊我。"楚惊鸿豪爽地拍了拍路天然的肩，这才将策划书收好，又开始"武装"起来。

路天然张张嘴，最后还是忍不住开口，"你这是要躲什么人吗？"

楚惊鸿闻言一愣，清秀的脸颊蓦地染上一层红霞，结结巴巴地道："最近不知道怎么回事，好多人跑来告白说喜欢我，天知道我都不认识他们。被堵了几天没办法，只好这个样子。"

路天然嘴角一抽，忽然想到了那个诵诗的少年，犹疑地开口，"那个每天在宿舍楼下念着'你见，或者不见，我都在这里'的人，不会也是你的仰慕者之一吧？"

楚惊鸿闻言，神色悲痛地点点头，最后戴上墨镜，迅速消失在门外。速度之快，令路天然哑然失笑。

路天然没想到，这世上还有让楚惊鸿害怕的东西。他更没想到，不过两天，就该他自己害怕了。

那个诵诗少年也不知道得到了什么风声，忽然将目标转移到了路天然身上，开始对路天然进行围追堵截，口口声声要拜路天然为师，跟着他学习摄影。

当路天然第三十六次被诵诗男堵在厕所门口后，终于忍无可忍地一把扭过诵诗男，将他反锁在了厕所里。也是那个时候，他终于知道为什么诵诗男每天都要在楚惊鸿的楼下念诗了。身为一个不知变通的理工

IT男，这是他能想到的最浪漫的告白方式了。

诵诗男一把鼻涕一把泪地讲述着自己自从在摄影展上看到楚惊鸿的照片后便为其魂牵梦萦，夜不能寐，深陷其中，不能自拔的辛酸爱情史，直讲得山河变色，天地动容，日出转为日落。

路天然靠在厕所门板上不知是哭还是笑，他第一次有了种，搬石头砸自己脚的感觉。

"对不起，我不能答应你。

最后，在路天然疲惫的叹息中，对话以诵诗男的哀泣结束。

5

当楚惊鸿哭丧着脸，再次找到路天然时，路天然终于知道了事情远不止一个诵诗男的纠缠那么简单。

有人将他拍的那些照片放到了校园网上。学校论坛还自动自发地组织了一个什么校花选拔大赛并且被微博疯狂转载，而楚惊鸿凭借那些照片，票数一路高升，甩了学校其他美女几条街，一战成名。

换句话说，纠缠楚惊鸿，以及对楚惊鸿虎视眈眈的人，只增不减。走了一个诵诗男，还有千千万万个诵诗男。而这，全都拜他路天然所赐。

路天然盯着手机微博上那超高的转发量，黑着脸诚恳道："对不起，我没想到事情会搞成这样。"

楚惊鸿没有出声，垂头丧气地盯着地面。

路天然想了想，最后用破釜沉舟的语气道："既然都已经这样了，不如我们破罐子破摔，利用这迅速飙升的名气，把那组主题照拍出来？"

楚惊有气无力地抬头看了他一眼，继续垂头丧气地盯着地面。

路天然不以为意，立马背上摄影器材，以高额的奖金为饵，拉着她说走就走。不知是状态不佳还是其他什么原因，耗了一整天，路天然却抓不到一张合适的照片。

夜幕降临，在楚惊鸿强烈抗议后，路天然终于结束了一整天的拍摄。

往后一段时间，几乎都是以这样被动的状态进行。楚惊鸿明明已经很努力地按照路天然的要求配合，但路天然始终找不到感觉，拍出来的照片刻意造作，一点儿都不自然。

距离比赛的时间越来越近，路天然心里更加焦急，但是每当他对上楚惊鸿的期待的眼神时，他就根本没办法告诉她实情。

勉勉强强按照剧本拍完那组主题照片后，路天然的心情却轻松不起来，一顿饭吃得凄凄惨惨戚戚。楚惊鸿似乎也有心事，随便戳了几筷子后，早早地便告别回宿舍去了。

晚上整理照片，路天然一边整理一边叹气。这次摄影比赛十分重要，能否获奖，直接关系到他以后的简历上是否能多一个重量级的经历。更重要的是，只要一想到有可能面对楚惊鸿失望的表情，他心里就五味杂陈。

尽管如此，路天然还是很努力地选着照片，做着后期处理，连续在电脑前折腾了一个星期，才稍稍整理出一组可以参赛的主题故事照片。

当初楚惊鸿第一眼看到这个主题，就喜欢上了这个故事。

路天然写的，是一个童话，讲的是一个患有失忆症的少女执着地寻找自己的过去，最后遇到了一个画师，学会了一种收集记忆的法术。她通过画笔一点点收集自己的记忆，每收集一分，她眼前的色彩就会少一种，当她将记忆全部收集进画册里时，她的眼睛也就彻底看不见了。那时，她才想起，之所以会失忆，是因为她当初迫切地想要忘记。最后，她痛哭失声，终于明白，有些东西过去就该放下，之所以痛苦是因为自己坚持了不该坚持的。

路天然看着最后一张照片里，楚惊鸿配合地跪在教堂里，闭眼沉思，双手放在胸前合十的模样。不知道此刻自己的坚持是对是错，不管结果如何，他都想要尽力一试。这么多年来，这还是他第一次费尽心思地讨一个女生欢心。

那一晚，路天然睡得很沉，谁也没想到，只是一夜，外面的世界便天翻地覆了。

6

路天然被楚惊鸿的电话叫醒时，已经是下午三点了。一听到楚惊鸿焦急的声音，路天然立马从床上跳下来，打开电脑，开始浏览校园网首页，越看越觉得心凉。楚惊鸿在电话里说得还比较委婉，但是路天然知道，所有心血都白费了，这些照片，已经被全部外泄了。距离比赛交出作品只剩不到十天的时间，这点儿时间根本来不及做什么。

电话里，楚惊鸿好像还在说什么，路天然却一句也听不清了，耳边只余震天响的轰鸣声，几乎要将他所有的感官湮没。

路天然也不知坐了多久，恍惚中，似乎有人一脚踹开了宿舍的门，将他拉起来往外走，紧接着，他便猛然被人推进湖里，周身浸着冷意，理智也随之回笼。

这阵仗，除了那个楚惊鸿，再找不出第二个人能干出这样的事。

路天然打了个哆嗦，敢怒不敢言，挣扎着从湖里爬了起来，冲着岸边怒气冲冲的楚惊鸿做了个鬼脸后，才发觉天已经全黑。

不远处陡然传来一声怒喝："谁，谁在人工湖那里？"紧接着，独属于手电筒的射光也向这边扫来。

"不好，校建过来了。"路天然神色一凛，不顾自己湿淋淋的样子，拽起楚惊鸿拔腿开跑，"要是让他逮到，形象事小，罚款事大呀。"

"扑嗤……"身后楚惊鸿的笑声散在夜风中，路天然回头，便看到楚惊鸿的眼眸在暗夜里闪闪发光，像是有星辰坠落其中，压抑的心情就这样烟消云散。

"大不了，我们再想新的主题，我相信，只要付出努力，总会有收获。"楚惊鸿一边跑，一边小声说道，"只是我们要抓紧时间了。"

"嗯。"路天然点点头，用力拉着她的手在校道上狂奔。那个时候，他并不知道楚惊鸿的那句抓紧时间，还有另外一层意思。

那天晚上，路天然随便买了身干净的衣服换上后，便拉着楚惊鸿去喝闷酒。说不生气不难过，那是假的，毕竟是一个多月的心血啊，也不知道谁这么歹毒，使出这样的阴招。路天然抱着酒瓶子，一边啃鸭脖子，一边絮絮叨叨地吐槽。

楚惊鸿坐在一旁，一双眼睛滴溜溜地转，也不知在想什么。

路天然还要继续说，几瓶酒下肚，口齿却已经不清楚了。眼睛里的楚惊鸿，一会儿变成两个，一会儿变成四个，最后直接"咚"一声，醉倒在桌上。

等他再醒来时，却是在自己的宿舍里。室友们告诉他昨夜是楚惊鸿喊他们去接他回来的，让他睡醒了，就去星星福利院找她。

路天然知道，星星福利院是洛迦市有名的慈善机构，专门救助孤寡儿童和老人，但是路天然并不知道，楚惊鸿还有个身份，就是这里的义工。

当他赶到福利院，看到的便是楚惊鸿穿着代表义工的小马甲，正将一个坐在轮椅上的老奶奶推倒花园里，路天然快步走到楚惊鸿身边帮忙。

一整天，路天然跟着楚惊鸿一起照顾着星星福利院的给老人和孩子们。

下午闲暇无事，楚惊鸿便带着一群孩子们玩游戏，一会儿是老鹰捉小鸡，一会儿是木头人……整个福利院都沉浸在欢声笑语中。路天然看着跟孩子们玩得不亦乐乎的楚惊鸿，那么快乐，是他从不曾见过的模样。

"这女娃娃挺好的，只是马上就要见不到的。"身边响起一个奶奶突兀的叹息声，路天然虽然诧异，但也没有深想。一门心思只挂在楚惊鸿身上，看到她伸手扶起一个跌摔在地的小孩儿后，他的脑海中陡然划过一个雪亮的点子。

为什么不试试拍一组公益性质的主题照片呢？相比起幻想童话的小儿科，这样显然更能吸引眼球。那一刻，路天然兴奋得几乎说不出话，只是跑上前去，重重地抱了下楚惊鸿后，便又飞快地消失在了福利院的门口。

7

很快新的主题便确定下来，一切似乎也都很顺利。拍摄场景就地取材，几乎都是在星星福利院完成的。当路天然拍完最后一张照片后，才如释重负地松了口气。相机里照片的质量明显要比上一次高，这算不算是因祸得福呢？

由于时间紧迫，回到学校后，路天然便匆匆抱着相机离开了，所以他并没有看到身后楚惊鸿欲言又止的表情。

往后几天，路天然几乎将一切时间都投入到整理照片中去了。作品很顺利的在最后期限前递交上去，结果如预期中一样，一路畅行无阻，到了复赛。

得知这个消息的路天然第一个想到的，就是通知楚惊鸿，却没想到，找遍了整个洛迦学院，那个善良娇小的身影仿佛人间蒸发了般，消失无踪。就连去星星福利院，也被告知，楚惊鸿很早就提交了申请，说是要离开很长一段时间。

直到一个月后，才隐约有传言流出，说楚惊鸿一直都在申请国外的大学，此番不过是如愿以偿，所以办了退学手续，出国留学去了。

路天然恍惚想起了楚惊鸿连日来的反常，以及那天老奶奶的叹息。现在想来，大概那个时候她就已经收到了入学邀请吧。他不愿意相信，却也不得不相信。

决赛的那天，路天然站在展台上认真地向观众展示一张张照片，那组照片讲述了一个福利院的少女如何在大家的帮助下茁壮成长，又如何利用自己微薄的力量回报福利院，而最后一张照片，是以福利院的老人和小孩灿烂的笑脸结束的。路天然希望以此呼吁大家多多关注星星福利院，为社会献出一份爱心。毫无悬念的，路天然的作品拿了第一名。

比赛结果出来的时候，路天然听到自己的名字，茫然地上台领奖，台下掌声轰鸣，那个说好了要跟他五五分账的人却不见了。只剩下那组参赛的主题照片里，楚惊鸿鲜活的笑容。

路天然来到曾经那个诵诗男站过的位置，微微仰头望着面前的女生宿舍楼，脑海里一帧帧闪过的全是与楚惊鸿相识后的点点滴滴。他还没让楚惊鸿记住自己，她怎么能消失呢？他将那笔奖金存着，希冀有一天能亲手交给楚惊鸿。这就是他的第三步，用这笔奖金，带着楚惊鸿去看江南的细水长流。

诵诗男不知道什么时候站到路天然身边，与他一起仰头望着那栋不知看过多少次的宿舍楼，低低地冲路天然说了声对不起。

路天然知道诵诗男为什么道歉，那也是他后来想了很久，才想到的。

这个学校，唯一与他有正面冲突，而又能轻而易举地偷取照片的人，就是诵诗男。他完全可以利用他的专业，侵入任何一个几乎没有防备的校友的电脑，就如同他为了报复路天然，能轻易将他原本打算参赛的照片全都外泄一样。

不过，路天然并不怪他。所以，路天然只说了一句话，他说，谢谢。感谢他，让他拍出了更好的照片。

路天然每天都会发一条微博，配上楚惊鸿的一张照片，有时候是自己的思念，有时候是一些感悟。每天都有很多人留言，也会有很多人帮忙转发这条寻人微博。路天然翻看着手机里的消息，渐渐习惯不抱希望。他虽然不明白楚惊鸿为什么会选择不告而别，但他相信，她肯定有不得已的理由。

他在微博上呼吁，请大家帮他寻找一个宛若惊鸿的女孩儿，她有着林黛玉的外表，女汉子的本质。她是星星福利院的社工，她还能徒手抓小偷。

所以，当路天然看到@他的那条微博后，简直欣喜若狂。微博的内容是一组组图，二十来张照片上的女主角全都是他心心念念的楚惊鸿，各种夸张搞怪的动作表情，却无一例外，都做出了一副有人陪在身旁虚抱的姿态，或搂，或靠，或牵手，或回眸，就好像她的身边真的有那么一个人一直陪伴在左右。

那组图片旁配着一句话，人生总有些失去或者不可失去的东西，认清方向，做出选择，离开只是为了以后能以更好的姿态相遇。

路天然心如擂鼓，努力压抑着情绪，一字字回复道，不管你在哪里，我都会努力陪在你身旁。

一帘幽梦

闺密就应该一见钟情

我第一次看见唐静的时候，是在A城盛元高中高一（4）班的教室门口，那时讲台上的老师停了下来，转身面对着大家说："同学们谁愿意和苏同学坐在一起？"

四五十道目光齐刷刷地看过来，我在那些集体打量的目光里，向后退缩着几乎想要夺路跑出去。翻书本的声音，敲课桌的声音，还有低沉的咳嗽，还有随着初秋午后依旧炎热的小风回荡在教室里的嘤嘤嗡嗡议论。

没有接受过万众瞩目从上而下挑剔眼光洗礼的人，大抵不会想象到我的狼狈。那时我已经在动摇，很想转身去校门口拦下回父母租住屋的那一班公车。

有个女声突然响了起来："你可以坐在我身边。"

我至今仍然想不起来我是以怎样飞快的速度冲到她的身边，拉开凳子，迅速将我肩上的书包塞进课桌里，又是怎样在讲台上老师板书的时候手忙脚乱搬出我的书本和文具。那时我的同桌说："你拿错了。是数学课。"我在这善意的、清甜的小声提醒里偏了头去看她，便看到了唐静那公主一样精致漂亮的脸。

有别于我这九年读书生涯里每一节课的专注和用心，进盛元高中的第一天，第一节课，我恍惚了很久。

那公主般美丽温柔的女孩子笑着对我说："嗨，我叫唐静。你叫什么名字？"

那时老师已经踩着"叮铃铃"的下课铃声抱着讲义夹走了出去。"苏珍珠。"我牵起嘴角向她笑了一下。

"叔真猪。哈哈！还真是乡下来的妹子，这么土气搞笑的名字……"背后那男生向唐静伸伸脖子，表示我们之间的对话他都一字不漏地听在了耳朵里。

也许是新学期太需要一个无伤大雅的玩笑来联络这城市四面八方新同学的感情，这神奇而朗朗上口的绰号，以最快的方式传遍了教室的每一个角落。我扶着课桌，"腾"地站起来气得双手都微微颤抖。

我第一次知道，我的乡音，那平舌与翘舌不分，前鼻音与后鼻音不分的蹩脚普通话，给我招致了怎样的嘲笑。

一个十五岁女孩子的心是敏感而脆弱的，更不必说，站在教室门口的那一刻，匆匆一瞥我就十分自卑地明白我与他们之间的差距。男生皆高大而俊朗，吹得层次分明的刘海、如电视剧里男主角出席晚宴般的西装华衣。女生，头上璀璨的水晶发饰，巧妙得隐藏在齐耳短发里隐约闪亮的一颗耳钉，那些裸露在短袖长裙外的属于城市原住民的白皙肌肤，似从未晒过太阳般地晃花了我的眼睛。

那时我穿着自家乡带来的初中时候的校服，脚上是母亲前天晚上陪我在夜市摊子里选购的球鞋。我第一次知道，鞋面上那打钩的仿冒的耐克标志，是那样尴尬和显眼。我努力想要把它往我的运动长裤下塞进去一些，只是有点儿失败的感觉，我已十五岁，时间丝毫不做停留地奔向下一个青春年华，而运动裤却不会变长，这样低下去一看，仿佛有吊着脚的危险。

——那真是农村孩子的噩梦。

"你瞎说什么？欺负新同学很好玩吗？这样很有意思吗？"

唐静是个外形纤细柔弱的女生，这样拉着我的手，转过身去质问那大笑的同学，她卷翘的长睫毛就在穿廊而过的清澈秋光里泛出微微的金色，啊，还有，她微带栗色的齐腰长发扫过我的臂膀，而我陡然觉得，这个穿着粉红蕾丝花边裙子的女生，她身上有一种多么勇敢的气质。

几乎不能有任何犹豫，事后我跟唐静说，我对你一见钟情，怎么样也要和你做好朋友成为你的死党兼闺密。

他是后来的传奇

那时性格孤僻对所有同学都冷漠疏远的我和唐静已经非常要好，同住在一间宿舍，每晚夜自习后回来，躲在被子里，会讲悄悄话和分享零食。

唐静将那套粉蓝色的裙子带回到学校宿舍时，全楼层的女孩子都心动了。蓝得好像是冬夜天空里被冻住的星辰，又或者是我故乡山坡上迎着第一缕春光盛开的野花。颈间袖口一路向下直到膝盖上的小小花朵，文静秀美又高贵淑女的气质，好像每一个女孩子穿上它，就会在瞬间变成童话里优雅迷人的公主。

那夜唐静从上铺递下来一个包装精美的盒子，在窗外香樟婆娑的枝影里，透进来校园暖黄的光，我打开它，那一袭泛着浅浅幽梦般的蓝，就铺陈在我的枕上。

从被子中探出头来的唐静，笑着问我："珍珠你喜不喜欢？"

后来在网上，我知道了那件裙子的品牌，那是历史悠久的香奈儿，在香港才能买到的正品女装。那天文数字的价格，抵得上我母亲几个月在服装厂加班到夜里十二点所得的的工资。

我到底没有收下唐静给我的礼物，这样的贵重，让我不知道如何是好。

"那么，我们就一人穿一天怎么样？"好像被这个想法鼓舞到的唐静一咕噜从床上坐起来，"只有最好的姐妹才穿一样的衣服，我们是最好的姐妹。"

那节早读课几乎是在一种莫名的诡异与欢喜的氛围中度过的。诡异的是同学们三三两两地交头接耳，谈论着一个叫"何简"的男生。欢喜的是，我发现这粉蓝色的裙子穿在我身上，有一种我以往从来没有在自己身上发现过的美丽。这让我单薄的虚荣心得到了巨大的满足。

"穿着这件裙子，唐静是精致秀气的公主。而你，苏珍珠，你是盛放在盛元高中那个夏日早上的一段浅浅月光。"

这是转学来的何简说的。

何简后来成了A城盛元高中的一个传奇。这传奇并不单单止于他门门功课全优的成绩；也不止于他在绿茵场上带球过人的矫健；或者其他诸如绘画、唱歌和辩论这些才艺。

"都在这里花痴人家何简的美貌呢，他老爸可是A城数一数二的富豪，在盛元高中不过就是待上这么小半年，人家是要去英国念贵族学校的少爷，知道吗你们！"

后座那总是会在第一时间将各种小道消息发布到所有人耳中的陆一鸣，对着前排正讲得捂心口又星星眼的刘媛媛和几个女生不无鄙夷。

那天早读课后，我和唐静手挽着手去学校食堂买早餐，在出教室门的时候唐静仍然拽着我上上下下地看。"我就说吧，珍珠，你穿上这条裙子一定很好看，我们像不像亲姐妹？"

"哎呀！你——"一脸兴奋和我闹着的唐静不慎撞在一个人身上。

在开满了栀子花的山坡上和你相遇

在那个嘈杂的校园的夏日清晨，混合在教学楼下花圃里栀子清幽香气中的文雅男声，让拽住我胳膊的唐静立刻安静了下来。

“没有撞到你吧？同学。”

跟着爷爷奶奶在家乡念初中的时候，我身边的女孩子们大多捧了郭敬明的《幻城》看得津津有味，我记得班上最铁的小四粉曾经对我说："课代表，谁还喜欢席慕容啊，你课外读她的诗不觉得很老古董了么？"

那时我也分不清楚"在这个忧伤而明媚的三月，我从我单薄的青春里打马而过，穿过紫堇，穿过木棉，穿过时隐时现的悲喜，和无常。"和"跋涉千里来向你道别，我最初和最后的月夜。"

这样的文字哪一个更好。但现在，仿佛一直停留在我故乡那简陋校园草丛里的诗，从遥远的千山万水里，从我的十三岁里，无比鲜活清晰地归来。

——如果能够，在一个开满了栀子花的山坡上和你相遇。

我在这微微偏头对我们示以歉意的少年身上看见了诗人写于多年以前的华美深情句子，我为我这样漫无边际的联想感到困惑和不解。

"何简同学，我知道你。唐静，唐人的唐，简静的静。啊。我们两个的名字好相称呢。"唐静不着痕迹地松开我的手，仔细理一下她裙摆上的皱褶。

那白色衬衣，淡蓝牛仔裤，额前碎发下一双清澈眼睛的少年抿一抿唇，"很高兴认识你，唐静同学。这位呢，我刚刚好像听见你们说什么姐妹，没想到来盛元高中的第一天，就能够结识一对姐妹花。"

他眨一眨眼睛，用手摸着鼻子，歪头看着我，像是等待我的自我介绍。

"叔真猪啊。谁不知道真猪的大名。真的猪哦——"挤在楼道口的刘媛媛和一群叽叽喳喳的女生，将这已然被大家淡忘的我的耻辱又展示一遍。

如果不是站在他的面前，我发誓如果不是站在这平生第一次相见的叫作何简的少年面前，我的羞愧绝不至于这么排山倒海。仿佛是从我的脚趾到头发丝，真的是连那包在陈旧凉鞋里的脚趾头，都在痉挛得微

165

路上有惊鸿

微颤抖。有大颗的酸涩的液体要从我的鼻腔里冲出来，眼眶不知道是因为什么，变得发烫和灼热。我想我一定不可以哭，所以努力地昂起头。

"苏珍珠吗，我在校宣传栏上看见过你的名字。你的作文写的真好，《在开满了栀子花的山坡上和你相遇》，我很喜欢。"他向我扬扬眉毛，"可是下次竞赛就难说会让你一直拿第一了，珍珠同学，我可是强有力的竞争者呢。"

我听着他清澈声音唤我的名字珍珠同学，第一次知道，老爸给我起的这个无比俗气名字，也可以有一天真的如珍珠般闪耀。自这春风般和煦，阳光般温暖的少年嘴中唤出来，会有大珠小珠落玉盘般的琳琅清脆。

他紧一紧肩上书包带子，侧身从我们身边过去，又回头对聚集在楼道口的刘媛媛她们说："同学难道你不知道，大俗即是大雅，即便是真猪，在某些人眼里也是非常可爱的。难道你没有喜欢过麦兜，还是说，"这文雅的少年伸出一只白皙的手，在自己胸前画了画，"穿着这么可爱的粉色小猪衣裳原来也只是叶公好龙。"

我和唐静从刘媛媛身边经过的时候，穿白色T恤胸前印着一只粉色麦兜的刘媛媛涨红了一张脸，在一片哄笑声中气呼呼的一句话也说不出来。

在清凉早晨绽开的浅浅月华

我想并不是因为何简替我解围我才留意他的，这少年语带轻松地提醒过我，说不会让我一直在作文课上拿第一，果不其然，两个月后老师占用了一整节的晚自习给我们讲何简交上去的文章。

抑扬顿挫，声情并茂。"就差拿个大喇叭在校广播站上喊了。"唐静拿笔捅捅我，示意我去看窗边坐得笔直端正的何简。似心有所感的男生偏过头来，对我轻轻微笑。

那个夜晚，何简的作文本子传到我手上时，纸页间飘出一张字条。我几乎是在一种满脸通红的手足无措中捂上了本子，并迅速故作镇静地看了一圈教室里的人。那时所有同学皆忙于老师布置的任务，一片沙沙的奋笔疾书中，我听见自己的心狂跳，甚至最后看一眼身边没有察觉的唐静，我才敢攥着那张字条在满手的汗水中展开它。

我生平的第一次逃课奉献给了距离盛元高中最近的电影院，那是当年炒作得沸沸扬扬的一部片子。我听唐静跟我讲过，小清新里有虐到骨子里的煽情。"哎呀，珍珠你是不知道，我当时跟刘媛媛她们去看，哭湿了半卷纸巾。"

一直看到结尾散场出来，我也没有搞懂那据说是从校园就开始的一段感情，到最后怎么就无疾而终。

何简递过来路边便利店里买的饮料，我们一人一杯拿着吸管慢慢啜饮。何简说："苏珍珠，你真的没必要太在意别人对你的看法，过分的敏感，会让自己不开心，总是落落寡合。"

"哈？"我偏过头去，好像借由这一声不肯承认的反问，我就能够坦然告诉自己和任何人，我在内心其实从未斤斤计较，从来都乐观强大。

167

"妈妈在服装厂打工好像并不那么难堪吧，爸爸在建筑工地上干活，也真的不是让你抬不起头的职业。刘媛媛她们并没有恶意，她们就是喜欢那样恶作剧而已，你知道女孩子都是比较那个小心眼儿的，而谁叫你，苏珍珠同学，你总是这么优秀，这么让人嫉妒呢。"

何简吸光杯中最后一口奶茶，童心未泯的大力一掌"嘭"地拍碎，像我的家乡在每个除夕夜里爷爷都为我放过的爆竹和烟花。星光遍地中那眉眼皆有飞扬笑意的少年说："苏珍珠，这粉蓝色的裙子真的很衬你，唐静穿上是精致的公主，你呢，却是那清凉早晨绽开的一段浅浅月华。"

我不知道何简从何处得知我父母的消息，他那样的富家子弟，永远不能够想象物质上的贫乏对一个十六岁青涩女生的自尊心的打击。

如果不是唐静借我的这一套粉蓝色裙子，我大概没有勇气跟他坐在黑暗的角落里看一场电影吧。我这样咬唇苦笑，却终于还是在宿舍换下裙子后于那一夜的梦里对未来有了不一样的期待。

那场雨，下在我心里

那个早晨下了一场雨，来势汹汹的大雨给这一年四季都炎热的城市带来了久违的清凉。唐静跑到教室里问我那裙子到底是怎么一回事时，我正转了身过去听陆一鸣讲一个十分好笑的笑话。

何简说的没错，先前是我自己太敏感，好像同学间一有什么风吹草动的言语，我总是要不遗余力想到我的身上去。

陆一鸣说：“苏珍珠你这人挺能耐的哈，连那土得掉一地渣的英语口语也能应付自如了。快——教教我，你是怎么做到的。”

“你没看见我这几个月来天天都闻鸡起舞吗。陆同学。”

何简倚着窗台看我和陆一鸣唇枪舌剑时不由莞尔。我想他也能感觉到我和同学玩成一片时的开心和欢喜。

“裙子？是发生什么事了吗？唐静。”

“别这样假惺惺了好吗，我本来就说过要送给你，是你一直坚持着不要，现在，你将它藏起来又是个什么意思？当真何简喜欢看你穿着我的裙子，你就舍不得还我了！”

精致文雅始终如淑女的唐静这样大声地对我嚷嚷着，沾了水汽的长睫毛微微颤抖，扑闪如迷失在风雨中蝴蝶的翅。

我张着嘴，看着四面八方聚拢来的同学，那些探究的眼神，那些嘤嘤嗡嗡疑问而后又确定的语气，终于没有说出一个字来。

何简看着冲出教室奔下楼又跑回女生宿舍的我，在门前拦住我说：“我相信你的。苏珍珠，也许只是什么误会，裙子一时找不到，唐静着急了才会这样，你不要怪她……”

雨水自他清秀英俊的面庞上滑下来，他伸手抹一抹。“苏珍珠你别这样。”

我总在想会不会出现什么奇迹，当我一转头，或者我一愣神儿，那挂在宿舍窗台前的裙子就会整整齐齐地出现在我面前。

这件事情终究以我锲而不舍搜索了三天却一无所获作为结果。睡在我上铺的唐静在这三夜不断辗转，像是看着我的几近疯魔终于心有不忍，却苦于拉不下面皮来跟我讲和。

我像福尔摩斯一样排除了每一个室友可能有的动机，在一节晚自习课后，终于对沉默了很多天的唐静说："唐静，对不起，裙子我一定会还你的……"

唐静自书本中抬起眼睛来看我，听着前排刘媛媛和旁边女生隐隐的窃窃私语，"真是想不到啊，居然想把那裙子据为己有。啧，到底是乡下来的……"

唐静看着我铁青的脸色，站起来想要分辩些什么，我抱了书本转身离去，我想有些东西，已然在我和她之间失去。

我们永远都是最好的朋友

礼拜一的早读课后，何简叫了我出去。我看着他自身后拿出的那个袋子，清新晨光中的少年一脸喜色："苏珍珠，裙子找到了。原来是宿管阿姨看风雨太大帮你们收起来了。我都拿出去烫好了，你看看，跟新的一样。"

我什么话也没有说。我想起一早到学校我将攥在手里几乎汗津津的钱递到唐静面前时，唐静惊慌的眼神。没错，我几乎拿出了这些年所有的积蓄，几百元钱远远不够，又撒谎跟母亲说学校要交复习资料费。

唐静像怕被烫到一样地弹开。"珍珠，事情不是这样子的，你听我说……"

这傻傻的女孩子终于哭出声来："珍珠，是我不好，我早该跟你道歉，你知道，我只是说不出口。"

原来一早到校的唐静已经拉着我们班几乎所有的同学解释，裙子是她拿回家洗忘了装进包里带回来，却误会是我想要私自藏起来。"真的是我误会珍珠了，是我错怪了她，珍珠一直都是我最好的朋友，请你们相信她。"

"苏珍珠，我下午就要离开A城了，你别这么一副不可思议的样子好不好？笑一个不行吗？那天在楼道里，看见你跟唐静笑得那么灿烂开心，就像盛开着的栀子花。我真的要走了啊，下午的飞机，就为了从宿管阿姨那里将裙子拿出去烫好，才特地又跑回盛元高中来。"

挺拔如小白杨般的少年将装着裙子的袋子塞进我怀里，转身大踏步地走了。"要记住啊，要过得开心，要相信自己，在世间独一无二，比任何人都好。"在香樟匝地的浓荫里渐渐湮没的少年，回头对我微笑，终于挥手道别。

当女生宿舍楼下清淤的工人，在滞留雨水的地下管道中掏出那件浸泡多日的粉蓝色裙子时，我正抱着何简给我的裙子一步步上楼。唐静说裙子是她忘在家里了，何简说裙子是宿管阿姨好心收走了。这理直气壮存在着的三条裙子，瞬间让我泪湿了眼眶。

"何简这个人啊，做事总是这么粗心，珍珠你看，这裙子不会是他周末飞香港买的吧，吊牌什么的都没有拆除呢。"唐静展开那如一帘幽梦般的粉蓝，笑着对我说。

"我们还是朋友吧？苏珍珠。"唐静看着落下眼泪来的我。

"当然！我们永远都是最好的朋友！"